Indienfahrer

Harald Hetzel

Indienfahrer

Begegnungen mit Aussteigern, Abenteurern und Gottsuchern

Eichborn Verlag

CIP-Kurztitelaufnahme der Deutschen Bibliothek

Hetzel, Harald:
Indienfahrer : Begegnungen mit Aussteigern, Abenteurern und Gottsuchern / Harald Hetzel. – Frankfurt am Main : Eichborn, 1989
ISBN 3-8218-0211-1

Umschlaggestaltung: Uwe Gruhle / Dö van Volxem. Gesamtherstellung: Fuldaer Verlagsanstalt GmbH. ISBN 3-8218-0211-1.
Verlagsverzeichnis schickt gern:
Eichborn Verlag, Sachsenhäuser Landwehrweg 293, D-6000 Frankfurt 70

INHALT

K2 - Chogori
8611
Khyberpaß
1067
Indus
Srinagar
Jammu
Kaschmir
CHINA
Dharamsala
Himachal
Lahore
Amritsar
Tibet
PAKISTAN
Chandigarh
Punjab
Gangotri
Lhasa
Dehra Dun
Rishikesh
Hardwar
Haryana
Delhi
Bikaner
NEPAL
Mt. Everest
8848
8586
Kanchenjunga
Bhutan
Vrindavan
Mathura
Uttar Pradesh
Kathmandu
Sikkim
Jaisalmer
Rajasthan
Jaipur
Agra
Darjeeling
Brahmaputra
Pushkar
Fatehpur Sikri
Kanpur
Jodhpur
Ajmer
Gwalior
Allahabad
Sarnath
Patna
Shillong
Yamuna
Mount Abu
Chittorgarh
Varanasi
Gaya
Ganga
BANGLADESH
Udaipur
Khajuraho
Bodh Gaya
Dhanbad
Dacca
Bihar
Ahmedabad
Bhopal
Sanchi
Ranchi
Kalkutta
Ujjain
Gujarat
Baroda
Madhya Pradesh
Jamshedpur
West-Bengalen
Rourkela
Chandipur
Diu
Ajanta
Nagpur
Raipur
Bubaneshwar
Daman
Ellora
Aurangabad
Orissa
Konarak
Puri
Bombay
Maharashtra
Poona
Jagdalpur
Godavari
Rajahmundry
GOLF VON BENGAL
Hyderabad
Nagarjunakonda
Puttaparti
Guntakal
Panaji
Kurnool
Andra Pradesh
Goa
Jog Falls
Karwar
Gokarn
Karnataka
Madras
Mangalore
Bangalore
Mamallapuram
Mysore
Tamil Nadu
Mahabalipuram
Tinuvannamalai
Pondicherry
Bandipur
Ooty
Auroville
Chidambaram
Srirangam
Kumbakonam
Amaravati
Thanjavur
Cranganore
Cochin
Madurai
Kerala
Ramesvaram
Trivandrum
Kovalam
Kanyakumari
0
Kandy
Colombo
SRI LANKA

EINLEITUNG

Warum Indien?

Hunderten von westlichen Menschen habe ich im Laufe der Jahre diese Frage gestellt, die kürzeste Antwort lautet: Warum nicht?

Was suchen wir westlichen Menschen dort, was zieht uns an, was erwarten wir? Finden wir etwas? Wenn ja, was? Warum werden manche so angesteckt, daß sie immer wieder dorthin fahren, während andere es vom ersten Moment an als grauenhaft und schrecklich empfinden.

Eine Indienreise war bis zum Ende des II. großen europäischen Krieges dieses Jahrhunderts nur der Oberschicht möglich. Deren niedergeschriebene Erlebnis- oder Kulturreisen fanden nur begrenzte öffentliche Aufnahme. Ausnahmen bildeten entweder Romane oder Erzählungen mit östlichen Themen: »Auf Messers Schneide«, W. Somerset Maugham, »Siddharta« von Hermann Hesse, oder Indologiearbeiten und Übersetzungen von Max Müller, Paul Brunton und Christopher Isherwood, um nur einige Namen zu nennen. Um 1950 setzte langsam ein breiterer Reisestrom in das ferne Indien ein. So richtig ins Bewußtsein, vor allem der Jüngeren, ist Indien durch die Beatles im Jahre 1967 geraten, als deren Langspielplatte ›St. Peppers Hearts Club Band‹ auf dem Markt erschien. Dieser LP war ein dreimonatiger Aufenthalt der Beatles in einem Ashram vorausgegangen und der musikalische Einfluß war unüberhörbar. Indien wurde neu entdeckt. Musiker wie Ravi Shankar und John McLaughlin waren schnell in Mode, die Hare Krischna-Bewegung war in allen westlichen Metropolen zu sehen und zu hören. Es folgte die Überschwemmung des Westens mit Gurus und Sekten.

Damals, Anfang der 60er Jahre, als der Aufbruch der Beatgeneration in den Osten begann, hatte so eine Überlandreise noch den Hauch von Abenteuer. Anfang der 70er Jahre ließ sich das nur noch mit viel Einbildung aufrechterhalten und seit Anfang der 80er Jahre fliegt man nach Indien. Vom Pionier zum Fluggast, vom bestaunten Fremdling zum alltäglichen Touristen. Mindestens einen Monat, je nach Reisestil auch länger, dauerte die Fahrt mit öffentlichen Verkehrsmitteln von London, Amsterdam, München, über Istanbul, Teheran, Kabul, Lahore, nach Delhi. Billigsttarife damals: 30 Dollar, heute 700 Dollar für den Hin- und Rückflug, bei einer Reisezeit von zwölf Stunden.

Ab und zu findet man noch einen dieser ehemaligen Pioniere, Opas von den Jüngeren genannt. Größer ist die Zahl derer, die in den 70ern den Hippietreck bildeten. Zu dieser Gruppe gehöre ich. 1971 schaffte ich es bis Afghanistan, ein Jahr darauf bereiste ich das erste Mal Indien und Nepal. Seither verbringe ich regelmäßig viel Zeit in Indien.

Abenteuerlust und eine unstillbare Sehnsucht nach östlicher, meist indischer Kultur waren die Motive der Reisenden in den 60ern. Die nachfolgende Flowerpower-Bewegung suchte Wahrheit und Drogen, verlegten die Wahrheit in die Drogen und alles zusammen in den Osten: Afghanistan, Indien, Nepal. Die künstlichen Paradiese entpuppten sich als Illusionen und wurden abgelöst von religiösen Sekten. Grob und verallgemeinernd ausgedrückt: die Drogen sind out, der Spiritualismus ist in. Der Weg über Land wurde außerdem durch kriegerische Ereignisse erschwert: die Revolution in Iran, der Einmarsch der Sowjets in Afghanistan. Indien wurde zum Flüchtlingsziel vieler Afghanen und Iraner und arbeitete sich nebenbei zu einer Tourismusattraktion empor.

Heute hat sich Indien einen stetig bedeutender werdenden Stammplatz in der internationalen Tourismusbranche erworben, und einmal in Indien gewesen zu ein, gehört zum Sozialprestige westlicher Konsumenten. Die Einführung verschärfter Visavorschriften und die Aussicht auf zehn bis 15 Jahre Gefängnis bei Drogenbesitz haben ihre abschreckende Wirkung unter den langjährigen Indienfreaks nicht verfehlt. Statt der Billigtouristen und Hippies möchte man den großzügigeren Geldausgeber, den 1-Woche- bis 2-Monate-Pauschaltouristen hereinbekommen.

Aber es gibt sie noch: die Langzeitreisenden, die Ausgeflippten, die Suchenden und Zivilisationsmüden. Häufiger trifft man die Kulturliebhaber und Sektenanhänger, die saisonalen Drogennehmer, vereinzelt Geschäftsleute und nach wie vor jene, die in keine Kategorie passen; letztendlich Menschen mit ihren Träumen, Alpträumen, Hoffnungen, Enttäuschungen.

In diesem Buch wurde nichts von mir erfunden. Es sind die Geschichten, Interviews und Sätze von annähernd 200 Personen. Es sind Auszüge aus stundenlangen Gesprächen, manche davon erstreckten sich über Tage, andere wurden auf Bahnsteigen geführt, in Zugabteilen, in Bussen, am Strand, in Ashrams, vor Tempeln und in Wartereihen vor Schaltern.

DELHI

Menschen. Menschen hocken, stehen, laufen, schlafen. Orangene Hemden, grüne Pluderhosen, weiße Dhotis, mohnrote Saris, Acrylstoffe, braune Uniformen, blaue Schlipse, Baumwolltücher, Hennahaare. Ein buntes Durcheinander schiebt sich vorwärts, rückwärts, nach allen Seiten hin. Unentwegt teilt sich dieses Gewimmel, verläuft sich für Momente, formiert sich erneut. Es riecht nach Rauch, Bidis, gebratenen Speisen, Chapatis, Ghee, Omelettes, Zwiebeln, Knoblauch, Kardamon, Curry, Schweiß, Kuhmist, Räucherstäbchen, Urin, offenen Feuern. Süßer Fettgeruch steigt mir in die Nase. Roter Betelsaft wird ausgespuckt. Und der Lärm: aus Lautsprechern tönende Kinoschlager, Hindi, Englisch, Urdu, Lachen, Signalhörner, unentwegt klingelnde Rikschafahrer, Autofahrer, Roller, vereinzelte rumpelnde Ochsenkarren. Grimassen, Weinen, Schauen, spielende Kinder, arbeitende Kinder, Fliegen, Handkarren, Eselskarren, Blechkanister, Campa Cola, getretene Hunde, fremde Schriftzeichen, Monsunpfützen, Krähen. Rufe: Tschaitschaitschai. Hello Mister, cheap hotel. Namaste. Ein Krischnabild. Lakshmi, Lotusblumen, Svastikas, dreckige Straßenkühe fressen den Abfall, Silberreifen klirren an Fußgelenken, Messingringe an Nasenflügeln, Hüftketten, blaue Turbane, gelbe Turbane, über den Kopf geschwungene Schleier, Straßenschläfer, den Arm ausstreckende Bettler, Bretterbuden, übervolle Läden: Bananen, Yakifrüchte, Äpfel, Papayas, Mangos, Guavas, Blumenkohl, Tomaten, Spinat, Bohnen, Erbsen, Kartoffeln, Reis, Mehl, rote Chilies, grüne Chilies, Masala, Zimt, Kümmel, Koriander, Ingwer, Tamarinde, Kokosnuß, Wassergefäße, Plastikschmuck, Glasperlen. Ein betäubendes Chaos.

Ich sehe ein Schild mit der Aufschrift: New Hotel. Mir wird ein stickiges Loch mit winzigem Fenster gezeigt, Dusche und Toilette auf dem Gang. Ich willige ein, feilsche um den Zimmerpreis, vergeblich, denn die Angestellten spüren meine Müdigkeit. Es stimmt, weiteres Suchen kommt für mich nicht in Frage. Ich fülle Formulare aus und bezahle mit durchweichten schmierigen Geldscheinen. Im Zimmer krame ich das Handtuch hervor, gehe duschen und anschließend lege ich mich unter den laufenden Deckenventilator.

Delhi. Hauptstadt des Landes und Ausgangspunkt touristischer Unternehmungen in Nordindien. Mathura-Vrindavan, dort wuchs Krischna auf, Agra mit dem Taj Mahal, das »märchenhafte« Rajasthan mit der rosa Stadt Jaipur, Ajmer und der Pilgerort Puschkar. Östlich der Hauptstadt ist die heiligste Stadt der Hindus: Varanasi, von den Engländern Benares genannt. Im Norden Delhis der mächtige Himalaya mit Pilgerorten und dem landschaftlich schönen Kaschmir.

Paharganj, der Basar in der Nähe des New Delhi Hauptbahnhofes. Damals wie heute der wichtigste Basar Delhis. Sammelstelle der Billigreisenden. Geschäftsumschlagplatz: Ankauf, Verkauf, Import, Export, legal, illegal. In der Paharganj lebte die Drogenszene. Zweihundert bis dreihundert Westler. Harter Kern, Junkies. Heute erheblich zusammen geschrumpft, wie uns ein Insider berichten wird. Der indische Charakter des Basars blieb erhalten, von einigen Äußerlichkeiten abgesehen: auffallend viele Westler sind zu sehen, einige Kneipen sind ausschließlich von ihnen belegt. Außerdem Reisebüros und viele kleine Hotels. Als »fast« Einheimischer weiß man auch, daß es zwei Tarife gibt, den für die echten Einheimischen und den für die Fremden. Das wärs schon. Gesellschaftliche Veränderungen sind für den Touristen schwer einsehbar, aber es ist klar, daß die Zeit auch hier ihre Spuren hinterläßt. Größere Drogeneinkäufe waren schon damals ein Risiko, heute ist es noch gefährlicher, denn unzählige sich westlich gebende Jungdelhianer dieser Gegend führen ein Doppelleben: das Geschäft mit dem Touristen und das mit der Polizei.

Der finanzstärkere Teil der eingeflogenen Touristen wird in der Nähe des Connaught Place, der wirtschaftlichen und gesellschaftlichen Drehscheibe New Delhis, abgeladen. Dort sind die Hotels teuer bis luxuriös. Dort gehört die geschilderte Basaratmosphäre der Vergangenheit an. Am Connaught Place pulsiert das andere Indien. Das Indien, das den Sprung ins »20. Jahrhundert« mit all seinen technischen Errungenschaften nicht verpassen möchte. Dort flaniert der Reichtum, gibt sich traditionell und modern (westlich). Dort gibt es eine Pizzeria, Snack- und Hamburgerstände, Eisdielen, Einkaufsmärkte und Souvenirläden, wie man das von jeder westlichen Metropole kennt. Am Connaught Place gab es damals auch die erste und einzige Disco: The Cellar. Reisende, die man schon in Istanbul, Teheran, Kabul und Lahore gesehen hatte, trafen sich hier wieder, aßen Pommes Frites mit Ketchup, tanzten oder lauschten den Musikbegleitern ihrer Überlandreise: den Rolling Stones, Beatles, Jimi Hendric, Pink Floyd, Clapton, Morrison, Crosby, Stills & Co... Endlich wieder mal eine ordentliche Stereoanlage. Heute ist der Cellar ein gediegenes, modernes Restaurant mit entsprechender Popmusik. Das Monopol auf Stereo ist verloren gegangen, aber modernen Indern ist jetzt der Eintritt gestattet, während heruntergekommenen Westlern heute der Eintritt verweigert wird. Auch daran ist die Veränderung sichtbar.

Wer kennt es noch: das Mohan Singh. Das erste Kaufhaus Delhis. Indisches Kaufhaus, das heißt: ein zweistöckiges, viereckiges, überdachtes Gebäude mit 40 bis 50 vermieteten Gewerberäumen. Heute gibt es andere moderne Einkaufszentren. Das Mohan Singh war schon damals berühmt wegen seiner schmackhaften Früchtelassies und der Möglichkeit, jede westliche Ware zu kaufen. Auch hier ist in beiden Geschäftszweigen die Monopolstellung verloren gegangen, aber allem Anschein nach verdient man noch immer gut.

Eine andere Reisegruppe: Die VW-, Mercedes- und Motorradfahrer mit ihrem Verkaufsziel Kathmandu treffen sich auch heute noch in einem der beiden Tourist Camps.

Alexander Fraser, 52, England: Die unglaublichen Gegensätze ziehen mich an diesem Land immer wieder an. In manchen Situationen können die Asiaten allgemein, die Inder im Besonderen, das Optimalste herausschlagen. Ich habe mich etwas mit der britischen Kolonialgeschichte beschäftigt, eines der interessantesten Kapitel ist nun mal Indien, vor allem das Phänomen Mahatma Gandhi. Der hat aus einer eindeutig unterlegenen Position heraus es verstanden, eine eindeutig überlegene Macht zu besiegen. Er nahm die Not Indiens, machte aus der Tugend, was auch nur von einem Höherkastigen ausgedacht werden kann. Die Not vermengte er mit der Passivität der Inder, plus Masse, baute er das zur Waffe der Gewaltlosigkeit aus, einschließlich zivilen Ungehorsams. Mit Waffengewalt wäre gegen die Engländer damals nichts auszurichten gewesen. Der Gewaltlosigkeit und dem Ungehorsam aber waren die rechtsstaatlichen und humanitären Engländer nicht gewachsen. Dann brach der Zweite Weltkrieg aus und beschleunigte den Abgang der Engländer.

Kaum waren die Kolonialherren weg, brach diese praktizierte Tugend Gewaltlosigkeit in sich zusammen, ging unter in einem ebenso unglaublichen Meer von Gewalt. Schauen Sie doch nur auf die nachkolonialen Ereignisse: die Teilung des Landes und das furchtbare Morden, die Kriege gegen Pakistan, die Kriege im Innern des Landes, die Kastenkriege – das Indien heute.

Gottfried Ledermann, 35: Ich mag die Inder. Sie respektieren das Leben. Sie haben so viele Götter, nicht nur einen, in Indien werden alle Erscheinungen als etwas Göttliches verehrt. Das gefällt mir.

Diese beiden Männer saßen im Flugzeug neben mir und führten stundenlange Gespräche über das Essen, über den besseren und schlechteren Service anderer Fluggesellschaften, es wurde die Europäische Gemeinschaft diskutiert, ihre Vor- und Nachteile (die Notwendigkeit der EG blieb aber unbestritten). Über dem Arabischen Meer dann, Stunden vor der Ankunft in Delhi, kam Indien zur Sprache und selbstverständlich holte hier Herr Fraser einmal mehr wortreich aus. Wissen und Erfahrung dieses nüchternen Menschen ließen den zum Zuhören verurteilten Ledermann nur dann zu Wort kommen, wenn Fraser seinen Wortschwall unterbrach und mehr abwesend Ledermanns gebrochenes Englisch aus Höflichkeit hinnahm. So schien es mir. Fraser ließ wissen, daß er nach mehrwöchigem Zwischenaufenthalt in Indien, dringende Geschäfte in Hongkong zu erledigen hatte, welcher Art, bekam ich nicht mit. Er besaß erstaunliche Fachkenntnis über Porzellan. Ledermann, deutsch, dicklich, harmlos wirkend, freute sich auf einen abermaligen, mehrmonatigen Indienaufenthalt.

Kathy Quint, 30, Australien: Nicht schlecht, der Wechsel von einem harten Holzbrett in ein weiches Matratzenbett mit frischen weißen Leinen, air-condition, kalte und heiße Dusche. Genieße das. Normalerweise führe ich ein anderes Leben, aber für zwei Wochen zeige ich meinem Vater und meiner Schwester etwas von Indien. Die beiden sind das erste Mal hier und dementsprechend geschickt. Besonders mein Vater hat es schwer. Die Menschenmassen, der Dreck, Staub, die Armut, das ist zuviel für ihn. Meine Familie ist wegen mir gekommen. Bin nämlich seit eineinhalb Jahren in Indien und Nepal unterwegs, habe wenig Geld und das alles hat meine Familie beunruhigt, die wollten wissen, was ich denn wirklich mache. Die Adresse hatten sie ja, so sind sie eines Tages von Perth abgeflogen. Ich lebe in Kalimath, das ist bei Almora. Nach drei Wochen kam ich wieder mal runter nach Almora, ging auf die Post und da sah ich ein Mädchen und dachte, he, die sieht wie meine Schwester aus. Ich schaute nochmal und nochmal, die Ähnlichkeit, dann sah sie mich, wir schauten uns an und umarmten uns. Unglaublich, aber sie wars tatsächlich.

Nach Kalimath konnte ich die beiden nicht mitnehmen, das wäre zuviel gewesen, kein Komfort, außerdem gab es Wasserschwierigkeiten wegen Regenmangel. So ließ ich meinen griechischen Freund für zwei Wochen zurück und fuhr mit Vater und Schwester nach Delhi, weiter nach Agra, das Taj Mahal anschauen, nach Ajmer, Puschkar und Jaipur.

Ich selbst führe sonst ein Freak-Leben. Das ist nicht mehr leicht in Indien. Die Aufenthaltsverlängerungen sind nur mehr schwer zu bekommen und vor allem sind sie teuer geworden. Uns Freaks möchte man langsam raushaben, dafür die reichen Touristen reinkriegen.

Den korpulenten, schwitzenden, von Indien zweifellos überforderten Vater sah ich nur einmal in ein Taxi klettern, begleitet von seinen beiden Töchtern. Kathy, dünn, hübsches Gesicht, selbstsichere Ausstrahlung, Nasen- und Ohrringe, Armreifen, ihre Bewegungen bezeichne ich mal als indienerfahren, genießt die Abwechslung, ohne Gewissensbiß. Ihre Schwester, durch und durch westlich in Kleidung und Gehabe, selbstbewußt, nur noch nicht den Landesverhältnissen angepaßt, schien froh, daß ihre erfahrene Schwester nun die Führung übernommen hatte.

Kathy hatte ich in diesem luxuriösen Hotel beim Teetrinken kennengelernt. Sie wartete auf Vater und Schwester, bis die sich für eine Delhirundfahrt zurecht gemacht hatten. Nachdem die drei weg waren, bezahlte ich und wollte in mein weniger luxuriöses Hotel gehen, als ich in der Wartehalle eine zur Abfahrt bereitstehende junge Frau fragte, ob ihr Delhi denn gefallen habe.

Käthi Kneubühl, 25, Schweiz, Delhi 1986: Daß ich in diesem Erstklassehotel zwei Nächte verbracht habe, verdanke ich der Mischlerei eines Inders, der mir einen Flug nach Singapur arrangiert hat. Der Zwischenaufenthalt Indien, die zwei Tage Delhi reichen mir. Diese Bettler, furchtbar, aufdringlich sind die, das glaubst du ja nicht. Im Hotel das gleiche. Schon nach einem Tag hätte ich vier Inder heiraten können, mit 10 schlafen sollen und 20 Angebote habe ich zum Abendessen gehabt. Nein, nein, das halt ich nicht aus. Jetzt muß ich aber weg, das Taxi zum Flughafen ist parat.

Julie, 52: Was soll ich darauf sagen. Das Klima. Ich kann den Winter nicht ausstehen. Vor allem aber liebe ich die Tiere. Die lieb ich mehr als die Menschen. Die Menschen könnt ich manchmal abknallen, die immer ihre Tiere töten wollen, nur weil sie ne kleine Verletzung haben. Da is doch nix bei, etwas Geduld und Fürsorge, das verheilt doch alles. Aber die Menschen denken immer gleich ans Einschläfern.

Ich hab hier in diesem Zimmer meine Hunde, Katzen, die Affen kommen auch manchmal, und die wollen alle erst mal versorgt sein. Das ganze Geld geht für Futter und Medizin drauf. Muß die Tiere doch auch impfen, das nicht nur ein Mal. Vierhundert Rupien bekomm ich bezahlt. Dreihundert Futter, hundert Medizin. Wie ich durchkomme? Ja. Manchmal alle zwei bis drei Monate bringen mir die Botschaftsleute was vorbei, die machen mir dann den Schrank voller Lebensmittel, Kaffee, Zucker, Dosen, Nudeln, die hab ich gerne, die sind ganz schnell gemacht, zum Kochen hab ich keine Zeit und keine Lust. Und dann bringt mal der Nachbar was vorbei, ich komm so durch. Neulich stellte mir einer hundert Kilo Milch hin, das haben meine Tiere alles gefressen. Die haben sich so gefreut, ne, hundert Liter Milch.

In Indien bin ich schon seit 17 Jahren. Zoo, das ist mein Leben. Damit bin ich aufgewachsen. Das hat mir immer Spaß gemacht. Mein Vater war bekannter Zoologe, von dem lernte ich. Dann ging ich mal nach Mysore. Dort arbeitete ich zwei Jahre im Zoo. Das war ne schöne und interessante Arbeit. Aber bezahlt haben sie mir nix. Gar nix. Als meine Ersparnisse aufgebracht waren, mußte ich gehen.

Zur See wieder. Das hab ich auch gelernt. Dann ging ich wieder mal nach Indien und heiratete so'n Jungen. Der wollte nach Deutschland, ich in Indien bleiben. Wunderbar. Fertig. Ab. Dann hab ich das Tierhospital mit ner Engländerin gemacht. Die zahlte mir 500 Rupien im Monat, Essen frei. Eines Tages gaben sie der keine Aufenthaltsgenehmigung mehr. Dann übernahm die indische Regierung. 400 Rupien fertig, nix mehr frei Essen.

Wie ich vor 17 Jahren nach Indien kam, wollte ich ganz einfach leben, nicht so modern wie in Europa, aber nun fangen die hier auch mit dem Fortschritt an. Naja, solange mir nur meine Tiere bleiben.

Julie: Eine kleine drahtige Frau, gepflegte Kleidung. Im ersten Augenblick nicht einzuteilen: eine ältere Touristin? Oder hat sie einen besonderen Grund in Indien zu sein? 17 Jahre Indien sieht man ihr nicht an. Dafür hat sie sich körperlich gut gehalten. Oder ist dieses »gut gehalten« das Ergebnis der Liebe, die sie den Tieren entgegenbringt, und der Liebe und Anhänglichkeit, die sie als Gegenwert von ihnen erfährt? Julies Gesicht und Sprache zeigen auch Züge der Härte, des Überlebenskampfes und der Menschenenttäuschung. Manchmal hatte ich das Gefühl, nur Wut und Enttäuschung über die Menschen halten sie aufrecht und ohne Tiere wäre sie so gut wie tot. Julie ist in Dresden aufgewachsen und hat die fürchterliche Bombardierung der Stadt am 13. Februar 1945 überlebt. Sie hat Menschen und Tiere verbrennen sehen. Das hat sie im fast dreistündigen Gespräch nebenbei gesagt. Wie stark sie dieses Erlebnis von Menschen und von Europa entfernte, kann ich nur erahnen. Auf meine Fragen danach, landete sie schnell bei ihren Tieren und erzählte mir teilweise sehr ausführlich Eigenarten und Lebensläufe ihrer Mitbewohner.

R. Watschinger, 39, Österreich: Als Kind war i sehr ruhig und pflegeleicht, fast mustergültig. Meine Erzieher habn mit mir überhaupt keine Problem gehabt. Bi dann ins Berufsleben eigstiegn und a knallharter Manager gwordn. Aber wirklich knallhart. A Zeitlang hab i dann als Ausgleich sozusagen, das Leben glebt wie mas halt so lebt: Wein, Weib und Gesang.

Nach ner Weil habe mir gsagt, Rudi, des is net das Leben, des macht mi überhaupt net glücklich, scho glei gar net ruhiger. I hab zwar allen Luxus, a teires Auto, a Superwohnung einschließlich wechselnden Damenbesuchs und so weiter, aber innerlich bin i ganz hart gwordn, kalt, eiskalt, wie halt a Manager ebn, kannst dir ja vorstelln.

Langsam habe angfangt zu suchen und hab mi gfragt, was kommt eigentlich nach dem Tod. Hab viel Bücher glesen, auch den Bestseller, das Leben nach dem Tod, hast sicher ghört davon. A Verwandter, der gewußt hat, daß i mi für »Östliches« intressier, hat mir a Inserat zeigt wo a Swami an Yogavortrag halt. Bin sofort hingfahrn, war a der einzige Zuhörer, hab mi dann in Hathayoga einführen lassen, hab des a Zeitlang gmacht, aber der Swami war mir net im Gleichgewicht, der war manchmal aufbrausend und richtig wütig.

A Cousine hat mir in der Zeit amal gsagt, du Rudi, du intressierst de doch fürn Tod, da is a Vortrag. Higfahrn und der Vortrag war gut, a alte Frau, anthroposophisch anghaucht, hat an ganz beeindruckenden Vortrag ghalten. Mit der Frau hat sich a liebe Freundschaft entwickelt und eines Tages hats gsagt, so jetzt fahr ich wieder amal zu mein Meister nach Indien. Spontan habe gsagt, du, da fahre mit. Zum Schluß warn mir a kleiner Haufen Leit im Flugzeig nach Delhi zum Meister Darshan Singh. Des war 1978. Am 15. Februar hab i das erste Mal Meister Darshan Singh gsehn und er hat mir vom ersten Augenblick an gfalln. Soviel Liebe, Güte und Demut habe no bei kein Menschen gfunden. Nach drei Wochen, unsereiner arbeitet ja sonst des ganze Jahr, sind wir wieder zurück nach Europa. A Haufen Bücher hab i mitbracht und die Gewißheit, endlich hab i des gfunden, wonach i gesucht hab.

Weißt, ich such kan Asketen, Weltverneiner, des geht nimmer, des is vorbei, wir leben in a andern Welt, außerdem hab i Familie, die möcht i behalten und trotzdem a spirituelles Leben führn.

Meister Darshan Singh hat mi da bestärkt und des macht er jeden Tag.

1980 bi i na vom Meister initiiert worden, 81 mei großer Sohn, 82 der kleine Sohn, 83 mei Schwester, 84 mei Mutter, 85 mei Frau. Ich war seither zweimal da. Wennst auf dem Weg bist, is scho besser, wennst an Meister hast. Des is ja kei ungfährlicher Weg. Schließlich geht ma nimmer den langen mühsamen Weg durch die Chakras, man kann auch nimmer jahrelang dem Meister zu Füßen liegen wie früher. Des is einfach vorbei. Jetzt überspringt ma etliche Chakras und kommt glei zum Dritten-Auge-Chakra. Weißt ja, der Punkt zwischen de zwei Augenbrauen. Um des höhere Bewußtsein in uns zu erwecken, meditieren wir mit de zwei Urformen, mit denen Gott die Welt geschaffen hat: Licht und Ton. Mit Licht und Ton versuchen wir unser inneres Licht und unsern inneren Ton zu sehen und zu hören.

Auf Drängen eines Freundes besuchte ich den Ashram, von dem Rudi hier erzählt, schon einmal im Frühjahr 81. Insgeheim hatte sich mein Freund ein inneres Aufflammen erhofft, so eine Begeisterung für Meister Darshan Singh, für den spirituellen Weg überhaupt. Ich fand später heraus, daß ich auf Menschen nicht in der gleichen Weise wie mein Freund reagiere. Innere Flammen überkommen mich in Ruinenfeldern, beim Lesen bestimmter Bücher oder ganz einfach allein inmitten der Natur. Dem Mensch begegne ich in erster Linie als Mensch, nicht mehr und nicht weniger. Den knallharten Manager konnte man sich bei Rudi fast nicht vorstellen. Aber vielleicht hat er auch die scharfen Seiten seiner Persönlichkeit glatt geschmirgelt. Für mich verkörperte Rudi auch eine gehörige Portion echte, glaubhafte Güte, Liebe, Demut.

Albrecht von Stosch: Mein Karma hat mich nach Indien geführt. Sogenannte Zufälle gibt es nicht. Ich bin mehrere Male hier gewesen und jetzt wieder. Wichtig ist, was habe ich gelernt, entdeckt, gesehen? Das war eine Menge. Zum Beispiel, daß das Leben inmitten größter Zerstörung weiter geht. Darum muß es ein höheres Gesetz als das der Zerstörung geben. Das ist nicht von mir, von mir als solches erkannt, nachdem ich das bei Mahatma

Gandhi gelesen habe. Die Liebe ists, die Liebe und das Vertrauen, das hat in meinem Leben mehr Dinge in Bewegung gesetzt als Angst, Haß, Zerstörung.

Wir im Westen haben immer noch nicht bemerkt, daß eine Menschheit ohne geistiges Ziel dem Untergang entgegen marschiert. Zuerst waren es die Religionen, die über Bord gegangen sind, jetzt hat auch die Wissenschaft gezeigt, daß sie unfähig ist, dieses Schiff zu steuern. Der Untergang der eigentlich unsinkbaren Titanic war schon der Anfang vom Ende des materiellen Experiments. Aber Europa brauchte erst noch den Weltkrieg, einen zweiten und jetzt stellen sie Atomraketen auf, um sich notfalls zehnmal in die Luft zu jagen. Naja, vielleicht muß es so sein. Für mich ist es der Kreislauf von Angst, Zerstörung und Haß, in den sich die Menschen treiben lassen und nicht mehr herausfinden und es auch anscheinend nicht wollen. Denn das würde Arbeit bedeuten. Harte Arbeit. Arbeit an sich selbst. Der Gedanke, daß es nur eines »Klicks« bedürfte, um die schlummernden Kräfte der Liebe, der Güte und des Vertrauens in jedem Menschen zu erwecken, macht mich manchmal ganz traurig, aber auch hoffnungsvoll. Es braucht ja nur dieses Klick...

Albrecht von Stosch ist 46 Jahre alt und ernst. Noch ein Wort zu diesem »Klick«. Es stimmt schon, es braucht nicht viel, vorausgesetzt, es ist ein gewisses Maß an Bereitschaft da, Neues zuzulassen. Ich hab auf Reisen jede Menge Leute erlebt, die sich um 180 Grad gedreht haben. Wenn ein engstirniger europäischer Mensch in einer wüstenähnlichen Landschaft steht und der Horizont durch nichts anderes als durch Wüste und Wüste und nochmals Wüste begrenzt wird, dann ruft das auf Dauer eben schon Veränderungen in eingefahrenen Wahrnehmungsstrukturen hervor.

Paharganj. Ich kann mich an keinen Indienaufenthalt ohne Delhi, ohne Paharganj erinnern. Vielen anderen Westlern geht es wohl genauso. Manchmal möchte man dann aber den von Westlern überfüllten Kneipen ausweichen und das ist eigentlich nicht schwer. Nur einige Schritte von der Hauptschlagader des Basars entfernt, wirklich nur Schritte um eine Hausecke herum, betritt man die mehr indische Welt. In einem winzigen Tschaishop saß ich eines Tages und trank Tee, als ich am einzigen Tisch die unerwartete Gesellschaft einer vierköpfigen westlichen Familie erhielt. Bei Nachfragen stellten sie sich als Jugoslawen heraus. Selten trifft man Jugoslawen in Indien und ungewöhnlich war die Geschichte der Frau.

Ruzica Mestrovic, 34, Zagreb: Mit 15 Jahren schickte mich meine Mutter mit umgerechnet 50 Dollars zum Einkaufen. Auf dem Weg ins Kaufhaus entschloß ich mich, nach Indien zu fahren. Das tat ich auch. 1967 war das. Fünf Jahre bin ich weggeblieben. Als ich zurückkam, studierte ich Indologie und bekam einen Lehrstuhl in Belgrad. Jetzt bin ich mit meinem Mann und meinen Kindern hier und besuche einige der Orte, in denen ich damals gelebt habe. Ich erkenne sie fast nicht mehr. Die Zeit hat mich und Indien schon sehr verändert.

In Delhi kann man die unterschiedlichsten Leute treffen, eines aber haben sie gemeinsam, ihnen graut vor der Stadt. Für ein paar Tage haben sie alle was zu tun: man ist gerade angekommen oder fliegt bald ab, Geldüberweisungen werden erwartet, es werden geklaute oder verlorene Schecks gemeldet, manche wickeln Schwarzmarktgeschäfte ab, Visa müssen besorgt werden, man schaut nach Briefen auf dem Hauptpostamt, man hat Verabredungen, besucht Musikkonzerte, Tanzaufführungen usw. usw. Nach Sonnenuntergang hocken die »Echten« in den indischen Restaurants, essen scharfes zerkochtes Gemüse und Chapatties, die weniger »Echten« sind froh, endlich wieder mal westliche Küche vorzufinden. Da gibts: Kartoffelbrei, Porridge, Spaghettis, Müsli, Omeletten. Vor dem Essen, unsinnigerweise oft während des Essens, normal dann wieder nach dem Essen, wird in Form von Erzählungen der Überdruck von Erlebnissen abgelassen. Wenn man nicht erdrückt werden will vom Zuhören, muß man selbst Geschichten erzählen. Daß jemand sich – wie ich – fast ausschließlich aufs Zuhören beschränkt, ist selten. Folgt nun ein Querschnitt eines solchen »Zuhörerabends« mit wechselnden Kneipen und wechselnden Erzähler/innen, die auf meine Frage: Warum Indien? antworteten.

Elliott Vanover, Kalifornien: Manchmal ist es phantastisch, hier zu sein, manchmal ist es ein Horror, dann frage ich mich, was hab ich in diesem Dreck, Gestank, Staub und all der Scheiße zu suchen. Besonders frag ich mich das im Moment, denn ich habe Diarrhö. Zehn Kilo hab ich abgenommen.

Mir persönlich gefällt Nepal besser. Die Leute sind dort ruhiger, in Indien wird man dauernd belagert von business, dope, Bettlern. Aber einmalig ist das Land schon, unglaublich einmalig. Indien muß man gesehen haben, es ist wirklich so einzigartig wie nur ein anderer Ort: New York.

Sobald ich mich ausgeschissen hab, gehts weiter: Thailand. Bin auf einer Weltreise, war vorher in Europa und jetzt stecke ich erst einmal mitten in Asien.

Nigel Walker, England: Bin das vierte Mal hier. Fünf Wochen nur. Einmal bin ich drei Monate hier gewesen. Das halt ich nicht nochmal aus. Nach ner Zeit gehn mir die Inder auf den Nerv.

Ich hab das Glück, daß ich Urlaub mit Geschäft verbinden kann. Kaufe Steine ein. Kenn mich da aus. Wenn ich z.B. in Jaipur Jagd auf'n burmesischen Rubin mache, nehm ich meine Geräte mit. Die machen heutzutage fast perfekte Synthesen, da mußte sogar unterm Mikroskop den Stein von allen Seiten angucken. Diesmal kauf ich nur kleinen silbrigen Flimmerkram, den ich jedes Jahr in spanischen Touristenorten verkauf.

Trixi, 26, München: Mei Freind hat me gfragt, ob i net Lust hätt mit nach Indien zu fahrn, der war da scho amal vor zehn Jahrn. Freilich, haba ma denkt, schaust des amal an des Indien, ghört hast scho so viel davon.

Na samma hinte gfahrn, über Land. Es war net so schlimm wie i mir des vorgstellt hab, und Indien gfallt ma ganz guat. Sie san scho a bisserl arg hinterm Geld her, die Inder. Aber die meistn habn a so wenig, drum kanne des scho versteh. Und sonst, i bin net tempelgeil, überhaupts net, des intressiert mi einfach net. Des is ja a soa Durcheinander mit ihre ne Geister und dem allem, da blicken ja die Inder selber net durch.

Yael Maya, 26, Israel, Delhi 1986: Warum nicht?

Lisa Olson, Schweden: Ich wollte was anderes kennenlernen und ehrlich gesagt, ich habe mir Indien extremer vorgestellt. Soviel Westliches habe ich nicht erwartet, besonders in den Städten ist es schlimm. Das ist doch fast das Gleiche wie bei uns. Und anstrengend ist Indien. Besonders die indischen Männer, zum Kotzen. Furchtbar. Wie aufgeblähte Hähne führen die sich auf. Lächerlich und eklig. Ich fühle mich dauernd belästigt durch Blicke, dann laufen sie in einen hinein oder langen einen an, drücken den angewinkelten Arm auf die Brust, ganz schnell, im Vorbeigehen und nur in der Gruppe, alleine nie. Die stellen sich nicht, die lassen mir keine Möglichkeit darauf zu reagieren, das finde ich gemein und feige.

Kathleen Cox, 30, USA: Ich habe mich über Jahre hinweg, sowohl in den Staaten als auch in Indien mit Yoga beschäftigt. Yoga ist das Wunderbarste, was ich in meinem Leben kennengelernt habe. Die Körperschule des Yoga unterscheidet sich wesentlich von westlicher Körperkultur. Schon die innere Einstellung zu den Übungen ist etwas ganz anderes als der westliche Sport- oder Fitnessgedanke. Die Ausrichtung auf Kraft, wie wir sie verstehen, fällt im Yoga weg. Im Yoga wird versucht, die Fähigkeit des Beharrens zu bilden. In der vermeintlichen Bedächtigkeit der Asiaten steckt in Wirklichkeit eine ungeheure Kraft. Die Kraft der Stille. Die Stille kann ich nur mit dem Zentrum eines Hurrican vergleichen.

Pat Liverman, 38, England: Vor 15 Jahren kam ich das erste Mal nach Indien und nahm Drogen, den ganzen Tag. Ich tat das jahrelang und die Drogen brachten mich dahin, wo viele andere durchs Meditieren auch hingelangen. Die Erkenntnis, woraus der Körper besteht: aus Leere und Rhythmus. Es gibt nichts Festes, alles fließt, pulsiert, tanzt.

Pat Liverman kenne ich schon lange, er hat mich offensichtlich nicht mehr erkannt, und da ich ihm mit offenem Mund, großen

Augen und nicht verstopften Ohren zuhörte, hat er mich möglicherweise für einen soeben Angekommenen gehalten. Pat Liverman lebt seit mindestens acht Jahren in Indien, in Delhi meist, wovon weiß ich nicht genau, sicher von kleineren und größeren Drogendeals.

Giuliano, 34, 1986: Ich hab'n Case in Italy gehabt. Drei Jahre. Hatte keine Lust die abzusitzen. Da bin ich abgehauen. Indien. 1968. Das war toll damals. Echt gut. Bin gleich mal'n paar Jahre geblieben. Das waren noch Zeiten. Kein Vergleich mit heute. Inzwischen is mein Case in Italy verjährt. War auch'n paar Mal in Europe. Hab wieder'n echten Pass, nur kein Visum. Das is jetzt alles'n heißer Eiertanz in Delhi. Wennste mit'n Gramm Smack von der Police erwischt wirst, kannste mit'n Zehner rechnen. Früher standen drei drauf, da biste'n halbes Jahr abgesessen, 'n bißchen Bakschisch nachgeschoben und dein Case war ok. Heute sitzte. 'N Fünfer garantiert.

Die Scene hier is echt heiß geworden in den letzten Jahren. Besonders seit Rajiv dran is. Wir sind auch nur noch 15 bis 20 Leute in Delhi. Früher sind wir 200 und mehr gewesen. Da war noch was los. Da biste auch mit den Bullen ausgekommen. Neulich überraschten sie meinen Freund im Zimmer und sagten ihm, wennste alles rausrückst, lassen wir dich laufen. Er rückte allen Stoff raus, den er hatte, dann steckten sie ihn doch ins Gefängnis und hingen ihm 'n Case an. Früher hielten die Bullen ihr Wort, heute nich mehr.

Wenn ich genug Knete hätte, würde ich von hier abhauen. Delhi is out. Lieber in Europe den Stoff drücken, da haste nich dauern 'n Zehner im Hinterkopf. Willste nich'n deal machen? Brauchste wirklich nichts?

Nun sind wir also mitten in der »Szene« der Paharganj. Giuliano könnte auch anders heißen und aus der Schweiz kommen, aus England, Australien, Canada, Holland oder der BRD. Giuliano ist süchtig, blickt aber noch durch, kleidet sich sorgfältig. Als ich nach fünf Monaten wieder nach Delhi kam, war Giuliano verschwunden. Im Gefängnis saß er nicht, dort habe ich mich erkundigt. Vielleicht hat er den Deal seines Lebens gemacht oder sonstwie einen Weg aus Delhi, aus Indien gefunden. Vielleicht war er auch nur ein paar Tage weg, um Nachschub zu besorgen.

Pierre, Paris, Delhi 21.20: Komme gerade aus dem Gefängnis. Um 20.00 Uhr wurde ich entlassen. Zwei Monate. Bin froh, wieder draußen zu sein. Ein Raum und 72 Menschen. Schrecklich. Das war hart. 20 Westler, zehn Afrikaner, einige Iraner, Afghanen und Inder. Von der Polizei wurde ich am Anfang drei-, viermal geschlagen. Hab mich nicht gewehrt, dann ist's schneller vorüber. Wenn du dich wehrst, haun dich 20 Cops zusammen.

Da sitzen Leute im Gefängnis, die haben sechs Jahre und mehr gekriegt. Ein Freund von mir, Steve, wurde zufällig am gleichen Tag wie ich eingeliefert, der hat noch einen Monat. Ach. Endlich wieder frei. Endlich mal guten cay. Und Sweets. Drinnen ist das Essen schlecht und einseitig. Vormittag bekommst du dünnen Tee und Mittag Reis und Gemüse. Das mußt du selbst kochen. Wir waren eine Sechsergruppe. Noch zwei French, zwei Italys und ein British, Steve. Unsere Gruppe hat auch gearbeitet. Wir haben das Essen in die anderen Trakte getragen. Das brachte uns eine Kanne extra Tee, scheußlicher Geschmack. Aber besser als gar nichts. Im Gefängnis herrscht wirklich Gewalt und Korruption. Die Afrikaner z.B. haben keinen Kontakt nach draußen, die sind total isoliert, also bekommen sie auch kein zusätzliches Essen. Die rotten sich zusammen und rauben manchmal Leute aus, die Schwächeren und Neuankömmlinge. Klauen tut jeder im Gefängnis. Wenn du zwei Minuten in eine Richtung schaust, dich mal länger umdrehst, ist dein Hemd weg, dein Dal, dein Reis, deine Bidis, Streichhölzer, was immer du gehabt hast. Das wird sofort weiter verkauft. Die Süchtigen tauschen Smack ein, die Raucher Zigaretten usw.

Die Afghanis sind gut organisiert. Die bekommen regelmäßig Besuch von draußen. Die erhalten Zwiebeln, Kartoffeln, Tomaten, Bananen, Zucker, Zitronen. Das kostet draußen nicht viel, ist drinnen fünf- bis zehnmal so viel wert. Mit den Afghanis sich freundlich halten, da springt ab und zu mal was ab, eine Tomate oder Zwiebel, auch kann man günstiger eintauschen.

Besuche brauchen nicht registriert werden. Eine Schachtel Zigaretten an die Wärter, alles klar. Manchmal muß man auch eine Kleinigkeit zahlen. Genauso ist es mit dem Absitzen. Der eine oder andere Monat ist problemlos zu machen.

Ich bin seit sechs Jahren in Indien. Ohne Pass, ohne Visum, ohne Geld. Schlenderte eines Tages in der Nähe des Bahnhofes umher, da ließ mich ein Drei-Sterne-Cop überprüfen. Der kam zufällig daher. Sofort gings ab. Steve hatte nur einen Joint geraucht, ist von den Cops überrascht worden, davongerannt – leider doch eingefangen. Nur ein Joint. Andere haben vier Gramm Haschisch gehabt, da wurden vier Gramm Smagg daraus gemacht, und dafür kannst du zehn Jahre bekommen. Das ist schlimm geworden. Früher hats das nicht gegeben. Seit Rajiv Gandhi in den USA gewesen ist und die ihm gesagt haben, daß Delhi und Bombay die Drogendrehscheiben Indiens sind, hat er gemeint, er muß was unternehmen. Warum verbrennen sie nicht die Haschischfelder in Kerala und Himachal Pradesh? Weil sie verdienen wollen von zwei Seiten. Naja, ich hab wirklich noch mal Glück gehabt. Mein Urteil wurde vor zwei Wochen gefällt. Eigentlich hätte ich noch einen Monat sitzen müssen, aber die französische Botschaft hat meinen Eltern mitgeteilt, wo ich stecke, und von ihnen Geld für Hafterleichterung bekommen. Dann hat die Botschaft 500 Rupien bezahlt und das ersparte mir einen Monat Knast. Visum und Pass hab ich immer noch nicht. Das ist denen egal. Obwohl sie Fotos gemacht haben, jede Menge Fingerabdrücke, hier schau, die meisten mit dem Daumen. Nun hab ich 15 Tage Zeit. 15 Tage bin ich legal. Jetzt muß ich mir was einfallen lassen.

Pierre bevorzugt speedmachende Drogen und jedesmal, wenn er drauf ist, singt er französische Chansons. Er ist einer von den Freaks, die sich äußerlich gehen lassen. Ich sah ihn öfter wie arme Inder im Abfall wühlen und immer auf der Suche nach einem Essensspender. Pierre sah ich fünf Monate später wieder, noch dreckiger und abgerissener als vorher. Sein Reden war wirr und zusammenhanglos, und er war immer hungrig.

Rita: Ich probier mal'n paar von diesen jungen braunen, schmalhüftigen Indern aus.

Wörtlich hat sie das nicht gesagt, aber sinngemäß. Anfang 40, saubere Hosen, Seidenbluse und Silberschmuck, kein Drogenstrich, sondern Lust um der Lust willen und damit in der Paharganj sofort herausstechend. Vielleicht hat sie genug von den afrikanischen und ceylonesischen Stränden und den Boys dort, nun müssen Inder, Delhianer her.

Franz Petrus, 23, Österreich: Vor drei Jahren war i das erste Mal in Indien. Da habe no ka Ahnung ghabt, wohin i da überhaupts geh. Damals bin i in Süden gfahrn und bin total ausgspaced. Hab viel Drogen gnomma und vier Monat später war i wieder in der tiefsten Steiermark.

Vor zwei Jahren bin i na wieder ab. Am Anfang wieder a bisserl ausgspaced mit Drogen, aber die hab i nach und nach aufgebn. Etzt komm i grad vo der Gegend Simla, da bin i in Dörfer gwesen, da kommt nie a Tourist hi. Da habe mit de Einheimischen tanzt und gsunga, die habn ja soviel religiöse Feste. A tolle Zeit. Des Delhi jetzt tut mir gar net gut, muß schauen, daß i da schnell wieder wegkomm. Muß heit no aufs American Express und Bank of America. Mir hams nämlich Schecks klaut im letzten Dort, net alle, so die Hälfte und hundert cash Dollars. Des war des anzige Unschöne. Ich glaub, ich weiß a wers war, aber was kannst machen. Der Typ is sicher glei nach simla gfahrn und hat die Schecks verkauft. Den Typen schätze so ei, der hat einfach gnug vom Dorfleben und mecht amal in die Stadt. Des mit'n Geld is allaweil so a Sach. Ich hab kei Lust, dauernd den Geldbeitel mit umazuschleppen. Do is am besten ma lebt in a Höhle. Des habe a gmacht. In der Nähe von Mandi. Drei Monate lang. Da habe scho denkt, etzt drehe durch. Wirklich, manchmal habe nimmer gwußt, bin i no normal oder bin i verruckt. Ich hab ja a den ganzen Tag meditiert, da is so viel hochkomma, viel Verdrängtes, vieles, von dem i gar kei Ahnung ghabt hab.

Beim Meditieren habe an tibetanischen Buddhismus als Anleitung. Im Grund komme einem immer die sechs Sinne in die Quer. Sehen, Hören, Riechen, Schmecken, Tasten und der Geist. Wannst die beherrschen lernst, bist guat, na hast scho mal in der Hand, wirklich gut zu werdn. Viel redn vom Gutsein und machen as Gegenteil, einfach weils no net durchschaut ham, wie sehr sie von de Sinn beherrscht werdn. Des erkennen is scho viel. Selbst wennst des weißt, komma immer wieder Zweifel hoch. Ich weiß net, solle voll einsteign ins Mönchsleben, bloß a bisserl, oder is alles a Schmarrn. Schmarrn is net, da habe scho zuviel erfahrn. Da war ich neulich in Leh und hab an deitschen Buddhistenmönch troffen, wir habn stundenlang gredt, und nachher war mir klar, ich mach weiter auf dem Weg.

Zwei Jahre unterwegs, kein bißchen müde, sondern wild und jung wie ein Gebirgsfluß. Der kurze Text gibt die eineinhalb Stunden ununterbrochenes Reden nicht wieder. Es war nicht die Person Franz, die mich innerlich mitgerissen hat, es war seine Begeisterung. Ich habe auch einmal längere Zeit in einem Bergdorf verbracht und auch in einer Höhle gelebt. Viele Bilder aus dieser Zeit sind während des Monologs von Franz Petrus in mir aufgestiegen, viele Gefühle und beinah vergessene Gestalten wurden wieder lebendig. Franz Petrus hat wohl davon nichts mitbekommen, sondern in erster Linie einen Zuhörer gesucht.

Um Geld zu sparen, teilen oft zwei Reisende ein Doppelzimmer. Reine Zufallsbegegnungen. Meine Zimmernachbarn waren von dieser Sorte.

Scott Morrow, 27, USA: Seit Jahren stand ich mit meinem Guru in Briefverbindung, wir kannten uns nur von Fotografien. Eines Tages verkaufte ich alles, ich konnte und wollte nicht mehr in den Staaten leben, die USA sind kein spirituelles Land. Ich wollte mehr lernen und dachte mir, Indien sei für mein spirituelles Wachstum günstiger. Ohne mich anzukündigen stand ich eines Tages vor meinem Guru, bereit, mit ihm Jahre zu verbringen. Er machte mir erst mal was zu essen, reichte Tee, dann sagte er endlich, ich solle morgen wieder abreisen, dahin wo ich herkomme, denn die Göttlichkeit ist überall.

Wie unter Schock bin ich erst einmal nach Delhi gefahren, und seither habe ich Durchfall, irgendwie verstehe ich noch immer nicht ganz, was geschah und was ich nun machen soll.

Ich riet ihm erst mal davon ab, in die Staaten zurückzufliegen. In Indien gibt es so viel zu sehen. Ich sagte: Laß Guru Guru sein, nimm dir für eine Zeit Indien, Land und Menschen als Guru.

Während ich Scott öfter begegnete, weil er vorerst an Zimmer und Toilette gebunden war, traf ich seinen Zimmerpartner seltener. Einmal, nachts, schlurfte er schweren Schrittes daher, machte auf mich einen etwas verstörten Eindruck, und als ich bemerkte, daß ich ihm nicht ungelegen kam, fragte ich: How are you?

Miguel, 25, Spanien: Bin echt down. Weißt du, ich bin nach Delhi geflogen, einfach so, schaute mir die üblichen Touristenattraktionen an und lernte einen Inder kennen. Der wollte unbedingt, daß ich auch die andere Seite Indiens kennenlerne, zumindest den Ort, von dem die Steine für die herrschaftlichen Bauten New Delhis stammen.

In Faridabad, in den Steinbrüchen, zeigte er mir dann, wer den Preis für die Großartigkeit Delhis bezahlt. Fünfzehn- bis zwanzigtausend Menschen arbeiten für Hungerlöhne, nicht nur das, sie leben in Leibeigenschaft. Hatte der Vater vom Unternehmer Geld geliehen und es nicht mehr zu Lebzeiten zurückzahlen können, muß es der Sohn abarbeiten. So einfach. Unbeschreiblich die hygienischen Verhältnisse, die Wohngebiete, Hütten aus Konservenblech, Pappe, Plastik- und Stoffetzen, meist gleich neben der Arbeitsstätte. Die ganze Familie bekommt den Dreck und Staub mit, atmet ihn Tag für Tag ein. Bei Sprengungen gibt es Verletzte und Tote, Entschädigungen für Hinterbliebene nicht. Die Tageslöhne betragen um die zehn Rupien, zwei Mark, je nach Alter und Geschlecht.

Die Gewinne machen die Unternehmer. Eine Lastwagenladung Steine kostet 150 Rupien, Verkaufspreis: 750. Mit so viel Geld und der nötigen Bestechung haben die Unternehmer auch die Macht über die Polizei und die Ortspolitiker. Die Leibeigenschaft ist seit 1976 offiziell abgeschafft und die ganze Praxis hier kam auch erst vor ein paar Jahren an die Öffentlichkeit. Das ging damals anscheinend durch die Zeitungen ganz Indiens. Ein Komitee zur Befreiung der Leibeigenschaft, dem auch mein indischer Freund angehört, verstärkte die öffentliche Arbeit. Eine

Demonstration hatte zur Folge, daß eine Untersuchungskommission sich darum kümmerte und die Rechte der Arbeiter betonte. Es gab ein positives Gerichtsurteil.

Ein Jahr später wurde festgestellt, daß keine einzige der gerichtlichen Weisungen befolgt worden war. Es kam zu Streiks für höhere Löhne. Nach gewalttätigen Vorfällen mit Schlägertrupps der Unternehmer, Demonstrationen und Hungerstreiks machten mehr Politiker auf die Verhältnisse in Faridabad aufmerksam. Es wurde ein Gesetz über Mindestlöhne erlassen. Vorerst hält man sich daran, aber mein indischer Freund sagt, das wird nicht lange halten.

Wenn man sich die Armut aus direkter Nähe mal anschaut, wenn man die Hütten besucht hat, das geht einem schon unter die Haut. Ich bin im Moment sehr verunsichert. Ich stell meinen ganzen Indientrip in Frage, was soll ich da, soll ich zurück, hier bleiben, das Taj Mahal trotzdem anschauen?

Warum nicht, war meine Antwort. Diese rechtlosen, namenlosen Menschen in Faridabad zahlen für Delhis Pracht, Im Westen haben die »Namenlosen« zwar mehr Rechte, die Weltwirtschaftsstruktur mit ihrem Plünderzentrum Dritte Welt zeigt sich am krassesten an Orten wie Faridabad.

Klemens Gamma, 35: Sieben Jahre bin ich in Indien. Ich bin wie viele andere auch über Land gekommen. Das erste Mal vor zehn Jahren. Ich hatte damals kein Ziel, nur eine Richtung: Osten. Auf der Suche nach dem Sinn, nach mir. Dann kamen erst mal die Drogen, wie üblich. Anfangs war das auch toll, als einziger blickte man durch, nur die Welt verstand einen nicht. Es befriedigte mich nicht lange, das Suchen ging weiter, das Suchen nach dem tiefen Sinn des Lebens, das Suchen nach der Wahrheit. Aber vorerst nichts. Aus Geldmangel mußte ich dann zurück in die Schweiz. Fand nicht mehr den Anschluß, außerdem ödete mich Europa an. Ich ließ meine angefangene Karriere liegen, verkaufte mein Auto, löste die Wohnung auf, verramschte die Einrichtung.

Ich reiste wieder nach Indien. Also wieder Richtung Osten und Ziel diesmal klar: Goa. Und in Goa geschah es, plötzlich war mir alles klar geworden, plötzlich sah ich die Sinnlosigkeit des Herumreisens, plötzlich entdeckte ich die Wahrheit, die einzige, plötzlich offenbarte sich mir der Sinn des Lebens, meines Lebens. Jesus hatte zu mir gesprochen. Ich mußte bis Goa reisen, um Jesus zu entdecken. Klar, ich bin mit ihm aufgewachsen, aber wie, falsch und verlogen wird er von der Kirche dargestellt und vertreten. In Goa entdeckte ich ihn in reinster Form, in reinster Sprache. Ich las die Bibel neu, plötzlich sah ich neu, mein Leben hatte sich Dank Jesus total verändert. Meine Freunde in Goa rieten mir, doch hierzubleiben, hier in Indien, wo ich Jesus entdeckt hatte. Die Wirklichkeit zeigte sich zunächst von einer anderen Seite. Nur Tage nach dieser Art Erleuchtung durch Jesus, saß ich im Gefängnis, weil ich mein Visum um zwei Tage überzogen hatte. Aber sprach da nicht Jesus wieder zu mir, hier sollte ich bleiben, in Indien. Nicht zurück nach Europa. Damals sah ich das noch anders. Ich ging nach Europa und predigte im Wallis. Dort hörten mir die Leute noch zu, ich war überrascht, in der Deutschschweiz stieß ich dagegen auf taube Ohren. Schlimm war es in Frankreich. Furchtbar. Mit den Franzosen konnte man überhaupt nicht reden. Ich möchte keine Nation verallgemeinern, aber in Frankreich und in Rußland ist das Reich des Antichristen. Aber weiter in meiner Erzählung. Nach einiger Zeit rief mich Jesus wieder nach Indien. Ich ging, lernte unterwegs meine Frau kennen, wir heirateten, haben inzwischen einen Sohn, eine Tochter. Nun predigen wir jeden Tag, besuchen Gefängnisinsassen, sammeln Geld, verteilen es an die armen Leute in den Slums. Ich arbeite soviel wie niemals zuvor und verdiene nichts. Ich tue es für Jesus.

Die Jesus People waren schon zu Hippiezeiten in Delhi und Kathmandu unterwegs, um sogenannte verlorene Schäfchen wieder heimzuführen. Früher schauten sie einen mit seelenvollem Jesusblick an, legten vertraulich die Hand auf des Verlorenen Schulter und sagten: Wir lieben dich. Besuch uns mal. Oder: Jesus liebt dich. Besuch uns mal. Ich besuchte sie nie, ich fand diese Christenwerber unausstehlich.

Auf dem Connaught Place nahm ich schon von Ferne Blickkontakt mit Klemens Gamma auf, er reagierte sofort. Sie sind schnell, die Jesus People, ich heuchelte Interesse, lud ihn zu einem Tee in den alten und neuen »Cellar« ein und ließ mich mindestens eine halbe Stunde lang beschwafeln. Danach war ich fix und fertig. Diese Jesus People wollen einem ja hauptsächlich eine Religion überstreifen. Die Lebensgeschichte Gammas könnte ich mir als wahr vorstellen, sie könnte aber auch eine bunte Show gewesen sein, mir Schäfchen angepaßt, um eine Verständigung zu ermöglichen. Klemens Gamma schaute »normal« aus, d.h. dem Gesellschaftsniveau des Connaught Places angepaßt, außerdem hatte er seinen Sohn dabei, sieben Jahre, und einen christlichen Inder, der die ganze Zeit über geschwiegen hatte, er war wohl auf die Einheimischen abgerichtet. Gamma verabschiedete sich per Handschlag, hinterließ mir einige Jesusprospekte, auf denen ich mir sofort am Rande in groben Zügen seine Geschichte notierte, und es dauerte nicht lange, da setzten sich zwei ältere Herren an meinen Tisch, ich bestellte mir einen weiteren Tee, und zwei neue Geschichten nahmen ihren Anfang.

Raniero Lunetta, 45, Rom: Hatte Geschwüre am Kehlkopf. Vor der Operation gab der Arzt meinen Fragen nach, sagte mir, die Chancen stünden 50:50. Im Überlebensfall müßte ich mit Stimmverlust rechnen. Plötzlich stand ich vor dem Tod, vor einer Leere, einem Nichts. Ich ließ mir Papier und Kugelschreiber geben und in Stunden äußerster Einsamkeit regelte ich mein eventuelles Ableben. Dabei mußte ich schmerzhaft feststellen, daß ich die meiste Zeit meines Lebens damit verbracht habe, mehr Geld, mehr Macht und Ruhm zu erlangen... und noch mehr... und noch mehr. Ich habe vergessen zu leben, zu leben aus dem Inneren heraus, aus der Bewegung, der Erweiterung. Ich kannte mich überhaupt nicht, nicht meine Bedürfnisse. Meine Bedürfnisse waren eingespulte Gewohnheiten: Beruf, Ansehen, Versicherungen aller Art, Familie, Autos, Häuser und Villen, eine Jacht usw. Auf einmal, in diesen dunklen Stunden, befreit von all dem Unsinn, wurde ich Kind, auf einmal brach ein nie erfüllter Jugendwunsch durch: das Reisen. Eine Reise nach Indien. Warum gerade Indien, weiß ich nicht. Indien, Indien, Indien. Mir kamen die Tränen, und ich ließ sie laufen. Irgendwie waren das die schmerzhaftesten Stunden meines Lebens gewesen, aber irgendwie auch die schönsten. Immerhin standen die Chancen noch 50:50.

Ich überlebte. Auch die Stimme blieb mir erhalten.

Dann brach ich mit meinem vorherigen Leben. Ich konnte gar nicht mehr anders. Ich übergab das Geschäft nach und nach meinen erwachsenen Kindern, versorgte meine Frau, trennte mich von der Familie und flog nach Indien.

Die Eroberung der Welt durch den Kopf habe ich damit aufgegeben. Mit Meditation versuche ich nun mein Inneres zu erobern. Ich bin erst am Anfang, beginne zu sehen, riechen, schmecken, hören, fühlen, lieben.

Raniero Lunetta war seit drei Monaten in Indien, vorwiegend im indischen Vorhimalaya, und jeder Tag hat ihm gutgetan. Nach Delhi war er gekommen, um weitere geschäftliche und finanzielle Dinge in Italien zu regeln, da er ja nicht wußte, ob er das Land und das neue Leben aushalten würde.

Seinen holländischen Begleiter hat er in den Bergen kennengelernt. Der bereiste Asien schon ein Jahr lang, ohne Familienbindung in Europa. Auch er ist vorerst finanziell abgesichert.

Martin van den Elst, 45, Holland: Ich war Physiker. Atomphysiker. Ich hab mit dem Elektronenmikroskop gearbeitet. Wenn du mit ziemlicher Mikroskopenvergrößerung den menschlichen Körper anschaust, löst sich das Fleisch immer mehr auf. Man erkennt Molekülspiralen, die bestehen aus Atomen, das Innere eines Atoms besteht aus einer Wolke von Elektronen. Und hinter dieser Wolke ist nichts. Einfach nichts. Es gibt Forscher, die wollen es nicht glauben und finden immer dichtere Formen, bis sich auch die als nichts herausstellen. Mit anderen Worten, unsere westliche Forschung bestätigt, was die Weisen Asiens seit je gesagt haben: die Materie ist Leere.

Statt durchs Elektronenmikroskop zu schauen und Physikbücher zu lesen, studiere ich die Veden, Buddhas Reden, Lao Tse und mich selbst.

Georg Überall, 36: Die Antwort ist länger als die Frage, das kann ich dir jetzt schon sagen. Angefangen hat das eigentlich mit einem Zufall. Ich wollte vor rund 15 Jahren nach Island. Wie das so ist, die anderen beiden sprangen im letzten Augenblick von dem Vorhaben ab. Alleine nach Island wollte ich nicht. Die Leute vom Nebentisch in meiner Stammkneipe schrumpften auch von ursprünglich 20 auf drei zusammen, denen ihr Ziel war Iran. Ich setzte mich zu denen rüber und in letzter Minute fuhr ich mit. Ich hatte doch keine Ahnung, wo ich hinfuhr, ich nahm einen Schlafsack, hatte eine paar Pflichtimpfungen zu machen, Pass, Geld und ab. Istanbul, Puddingshop, da sah ich das erste Mal zurückkehrende Indienfreaks. Überhaupt herrschte in diesem Puddingshop so eine Aufbruch- und Ankunftsstimmung, irgendwie toll. Da wurde man eingestimmt. Mit und ohne Haschisch. Dann weiter, Anatolien, am Ararat über die Grenze, in den Iran. Teheran, runter nach Quom, Isfahan, Schiras, da unten beim Trampen, das weiß ich noch genau, da hats mich total gepackt. Da überkam mich ein Highgefühl, ich dachte, ich dreh durch, es zerriß mich fast vor Freude, vor Unternehmungslust. Ich trieb meine Freunde wieder nach Teheran hinauf, hinter nach Mashad, rüber nach Afghanistan, Herat. Eine tolle Stadt damals. Total Desertcity. Und Haschisch gabs, und was für eins, wir rauchten von früh bis abends. Ich war voll drauf, nicht mehr zu halten. Meine Freunde mußten zwecks Studium zurück. Ich vergaß einfach alles. Ich wollte weiter. Meine Freunde redeten mir zu, Zukunft, Alter und so, aber da war nichts zu machen. Die gaben mir ihr übriges Geld und weiter gings. Kandahar, Kabul. Ein Traum. Manchmal ein Alptraum. Einer erzählte von Seen im Landesinnern und einer Riesenbuddhastatue, aus dem Fels gehauen. Nichts wie hin. Bamyan und Band-i-Amir hießen die Plätze. Phantastisch. Das Seen-Plateau war das Beeindruckendste, was ich bisher in meinem Leben gesehen hab. Unbeschreiblich. Dann gings rüber nach Pakistan. Peshawar ist auch so ein Knüller gewesen, so eine afghanistan-indische Kontinent-Mischung. Verstehst du, was ich meine?

Die Menschenmassen wurden langsam Realität. Lahore war die nächste Station. Rüber nach Indien. Hatte ja nur die einzige Grenzöffnung da oben. Einmal in der Woche. Donnerstag. Weiß das noch ganz genau. Und dann Indien. Also sowas wie Indien... ich weiß gar nicht, was sagen. Das Land ist ein Dauertrip. Für mich war es das. Viele konnten es auch nicht ausstehen, die sind gleich weiter gerast nach Nepal. Also ich hab mir erst mal ordentlich Indien reingezogen. Den Norden abgeklappert und dann langsam hoch nach Kathmandu. Der Spitzentraum. Das Absolute. Ein Paradies. Drogen konntest du im Laden kaufen wie Lutschbonbons bei uns. Damals gabs noch das Hotel Eden. Das war totaler Drogensumpf. Das ist jetzt alles vorbei, fast. Ein paar wankende Ruinen kann man noch finden, aber die das damals miterlebt haben, sind entweder an Drogen draufgegangen oder noch rechtzeitig in den Westen zurück und haben Karriere gemacht.

Von Kathmandu wieder nach Indien. Goa war das nächste Ziel. Da bin ich hängengeblieben. Ein paar Jahre. Geschäfte gemacht, später hab ich mich in Delhi angesiedelt und einen recht profitablen Drogenhandel aufgezogen. Im Großen und Ganzen hab ich Glück gehabt. Ich bin nicht süchtig geworden, ab und zu einen durchziehen, okay, aber drücken kam für mich nicht in Frage. Ich machte ganz schöne Knete und bin weiter nach Südostasien, Australien, Hongkong, von dort flog ich nach sieben Jahren wieder mal nach Europa.

Klar, der Zug war für mich abgefahren. Ich kam da überhaupt nicht mehr mit. Meine Freunde von damals, die drei, du weißt schon, die hatten sich inzwischen einen breiten Arsch in Bürostühlen angesessen. Bin noch ein bißchen rumgeflippt, hab anständig angegeben, kleine Geschäfte gemacht, so eine Drogenfiliale angelegt und dann mal rüber nach Südamerika. Kolumbien vor allem. Drei Jahre oder so. Hoch nach Mexiko. Die Staaten mal angeschaut. Kanada, die Wälder mal reingezogen zur Abwechslung. Schwarz gearbeitet, mit Drogen hab ich in den Staaten und Kanada nichts gemacht, war mir zu heiß, irgendwo muß man sich selbst Grenzen setzen, sonst verlierst du dich in der Weite. Rüber nach Japan, ein Jahr, Hongkong, dann zogs mich wieder nach Indien. Das ist einfach ein herrliches Land. Ich liebe Indien. Ich liebe auch noch was. Meine Frau, die habe ich in Indien kennengelernt. Australierin. Wir haben ein Geschäft in Sydney. Import indischer Ware. Läuft ganz gut. Naja, und ab und zu kommen wir rübergeflogen, selber nach dem Rechten schauen, wie jetzt.

Wir verstanden uns vom ersten Augenblick an. Gleicher Jahrgang, gleiche Wanderrichtung, gleiche Stationen, ich konnte sogar bis Australien mithalten, mit der Länge seines Trips und seinen Geschäften allerdings nicht mehr. Namen wie Istanbul,

Anatolien, Teheran, Herat, Kabul ließen in mir sofort meine Reisen anklingen. Ich kenne die Strecke fast auswendig, auch unten rum, nachdem Afghanistan nicht mehr möglich war, Teheran – Zahedan, rüber nach Quetta (Pakistan) und hoch nach Lahore. Wenn ich diese Namen höre, wird es mir wohlig, Sehnsucht befällt mich. In solchen Momenten schiebt sich das Positive in den Vordergrund, zumindest bei mir, der Ärger mit Verständigungsschwierigkeiten, Preisverhandlungen, ist vergessen, auch die Übermüdung, das Schwitzen in der Hitze, Darmanfälligkeiten, alles weit weg.

Corry Nitzsche, 25, England: In Europa bin ich aufgewachsen mit dem Bewußtsein, daß ich schlecht sei. In Indien erfuhr ich ganz tief in meinem Innern, in meinem Herzen: diese Welt und der Mensch ist gut.
Ich möchte nicht mehr zurück.

Warum nicht? Eigentlich schade. Ob es nicht gerade im Westen solche Menschen braucht? Corry war übrigens auch schon drei Jahre unterwegs. Afrika, Australien, Japan, Thailand, Indien. Immer in Indien möchte sie nicht bleiben, nur nicht mehr in den Westen zurück. Auf meine Frage, wie sie sich das Überleben vorstelle, verwies sie auf Jobs in Hongkong und Japan und irgendwie ginge es immer weiter. Ich bohrte nach an ihrem letzten Satz. Warum nicht mehr zurück? Eine klare Antwort konnte sie mir nicht geben. »Warum soll ich zurück? Was soll ich dort?« Vielleicht war die Entdeckung, »diese Welt und der Mensch ist gut« noch zu frisch.

An. van Eldyk, 55, Holland: Ich habe überhaupt keinen asiatischen Hintergrund, abgesehen von den Erzählungen meines Schwiegervaters, der ein paar Jahre geschäftlich in Indien, dem heutigen Bangla Desh, tätig war. Mein Mann und ich, wir wollten Indien mal sehen, wir haben ja nicht viel Zeit, sechs Wochen. Also, ich finde Indien wunderbar. Sehr beeindruckt hat mich, daß trotz der Armut die Menschen würdevoll leben und sich auch so bewegen. Die Hütte kann so ärmlich sein wie sie will, das

Mahl dürftig, sie sind zufrieden, froh, nehmen alles mit Würde hin. Diese Harmonie, mit wenigem zufrieden sein, hat mich stark beeindruckt. Das ist überall so, auf dem Land, in der Stadt. So eine Freude an Wenigem habe ich noch nirgends beobachtet; wie kompliziert und unzufrieden sind wir im Westen dagegen. Das mit dem kolonialen Erbe ist auch so eine Geschichte. Der englische Einfluß ist unübersehbar, schon mal das Englisch als Beamten- und Gebildetensprache, dann der englische Einfluß im Eisenbahnwesen, in der Administration, im Aufbau des Schulsystems, der Polizei, des Militärs. Großartig. Frage mich allerdings, ob da nicht mal die Zeit kommen wird, wo das Erbe ausgemerzt werden muß, um was typisch Indisches hervorzubringen. Was mich auch so beeindruckte, der Umgang mit den Tieren. Das ist so schön. Die gehen mit den Tieren so freundschaftlich und vertraut um, das ist so schön, so nett. Auf dem Markt habe ich gesehen, wie sie den Vögeln auch ihren Anteil an Getreide überließen. Die Inder und Inderinnen sind ja so gelassen und geduldig. Die setzen sich in den Basar, breiten ihr Gemüse aus und warten von früh bis abends, besonders die Frauen fielen mir da auf. Haben Sie mal die Frauen in Delhi beobachtet, die an Baustellen den Mörtel und die Ziegelsteine schleppen? Die können so arm sein, wie sie wollen, in ihren Saris schauen sie wunderschön aus, selbst wenn sie schwer tragen, so schlimm das ist, sie tun auch das mit Würde. Verstehen Sie?

Das mit dem Abfall ist auch so eine Geschichte. Rührend. Die einen werfen was weg, schon sind andere da und heben es auf, um es irgendwie zu verwerten. Und die Kühe fressen sogar Papier, die Zellulose ist ja gut für sie, die Druckerschwärze scheiden sie halt wieder aus. Im Basar oder auf dem Markt können sie das schlechte Gemüse auf die Straße werfen, die Kühe fressen alles auf. Das ist so praktisch, das ist das reinste Recycling. Mir gefällt Indien. Das Leben ist so unmittelbar, so direkt, da riecht es nach Küche, nach Kuhdung, der ja auch getrocknet zum Kochen verwendet wird. Die Straßen Indiens, sind die nicht herrlich? Die sind so lebhaft und bunt. Ist Ihnen auch aufgefallen, daß der Linksverkehr eigentlich ein Rechtsverkehr ist, da jeder jeden überholt, und auf den indischen Straßen wird doch ununterbrochen überholt. Da sind die Fußgänger, an denen fährt der

Radfahrer vorbei, der wird von einem Ochsenkarren überholt, der wiederum vom Motorrad, vom Auto oder Lastwagen.

Zwischen Manali und Delhi haben wir bei einem ehemaligen Maharadscha übernachtet. Sein Palast war in ein Hotel verwandelt worden. Mitten in dieser indischen Umgebung waren die Zimmer englisch möbliert, köstlich kann ich ihnen sagen, köstlich. Da hatte es eine Chaiselongue, einen altenglischen Schrank mit dem Holzbildnis Königin Victorias. Dazwischen wandelte ein dunkelhäutiger Diener mit einem prachtvollen Turban. Herrlich, einfach herrlich. So würdevolle Diener, so selbstlos, dienstbereit, das findet man bei uns im Westen nicht mehr.

Eine Frau, deren Auftritt sofort Respekt einflößt, jahrhundertealter Adel, dazu groß gewachsen, teure und ausgewählte Kleidung, wenig, aber wertvoller Schmuck. Eine Frau, die gewohnt ist, daß man ihr die Wagentür aufhält, eine Frau, die mit Dienerschaft aufgewachsen ist. Die Inder spüren das und reagieren, wie man das noch im Europa des letzten Jahrhunderts tat. Eine welterfahrene, weltoffene Frau, reisefreudig, sie genießt den Umstand ihres Reichtums mit Stil. Auch das muß gelernt sein, Armut hat sie niemals erfahren.

In meinen restlichen Delhitagen lernte ich noch zwei sehr interessante Menschen kennen. Wie ich den ersten, Philippe Denoncin (ein Pseudonym) kennenlernte, muß ich, um ihn nicht wegen der Spannungen zwischen Sikhs und Hindus zu gefährden, verschweigen.

Philippe Denoncin, 36, Belgien: Alle paar Jahre pilgere ich nach Amritsar in den goldenen Tempel. Von daher komme ich jetzt. Es ist zwar verboten, den Punjab zu betreten, aber ich hab genug Glaubensbrüder, die mir das jederzeit organisieren. Übergetreten zum Sikhismus bin ich vor zwölf Jahren. Kam über Land wie du auch und blieb in Amritsar hängen. Ich weiß noch genau, ich kam mit dem Bus von der Grenze und schon am Busbahnhof hatte ich das Gefühl, als wäre ich angekommen. Hier ists. Hier bin ich zu Hause. Lange bin ich weg gewesen. Die folgende Fahrt auf der Fahrradrikscha zum goldenen Tempel war ein Taumel. Ein Traum. Eine Reise durch meine vorherigen Existenzen. Mit einer Selbstverständlichkeit stieg ich im Gurudvara ab, ich kannte irgendwie alles und in der Folgezeit wurde ich das, was ich gewesen war, Sikh.

Meine Religion hat moslemische und hinduistische Werte übernommen. Gott ist für den Sikh ein spirituelles Konzept, darum keine Gottesbilder. Wir, wir Menschen können Gott nicht definieren, er hat keine Form, kein Gesicht, keine Geschichte. Für uns ist ein Guru auf dem Weg zur Erleuchtung wichtig. Einen Guru, den wir befragen und respektieren, nicht verehren. Unser Religionsgründer, Guru Nanak, predigte die Gelassenheit des Yogi unter den Menschen. Asketisches Einsiedlertum, Kasteiungen und Betteln lehnte er ab. Wichtig für die moralische Entwicklung des Individuums ist das Leben in der Gemeinschaft, in der Familie, in der Alltäglichkeit, im Zusammenleben mit den Nachbarn. Guru Nanak richtete Gemeinschaftsküchen ein, da ißt Kaste neben Kaste. Die kastenlose Gesellschaft der Hindus dagegen ist nur ein Lippenbekenntnis.

Wenn du mehr über Sikhismus erfahren willst, kann ich dir jede Menge Broschüren besorgen.

André, 30: Ich bin auf dem Weg nach Pakistan, von dort möchte ich mal wieder nach Afghanistan. Bin schon längere Zeit nicht mehr dort gewesen. 1980 das letzte Mal. Klingt eigenartig, ist aber ganz einfach. Afghanistan ist sehr eng mit meiner Kindheit verbunden.

Geboren in Fribourg, Schweiz, setzte mich meine Mutter aus, auch Vater unbekannt, dann wurde ich von einem französischen Pärchen adoptiert. Das waren Diplomaten, das heißt, er war einer und zufällig in Kabul tätig. So wuchs ich vom zweiten bis sechsten Lebensjahr in Afghanistan auf, spielte mit afghanischen Kindern und lernte die Paschtunensprache. Dann gings zurück ins langweilige Frankreich, Schule, eine furchtbare Zeit. Selbstverständlich sollte ich studieren und meine Adoptiveltern hatten sich eine Karriere ausgemalt. Aber dafür hab ich zuviel in der Freiheit der Steppe gelebt. Nach Schulschluß brannte ich durch. Ich reiste in Europa, Afrika, arbeitete da und dort, kehrte nach Afghanistan zurück, landete schließlich in Australien. Dort ließ ich mich nieder, bekam Staatsbürgerschaft, nach der schweizerischen und französischen die dritte. Obwohl mir Australien ganz gut gefiel, viel Raum, viel Wüste, Steppe und einen weiten Sternenhimmel, obwohl mir das alles zusagte, ich mußte immer wieder nach Afghanistan. Ein halbes Jahr nach der Besetzung durch die Russen wars noch verhältnismäßig ruhig. Mit meinem Aussehen und Paschtunenkenntnissen kann ich problemlos aufs Land, nicht ungefährlich, denn dort werden auch heute noch keine Unterschiede zwischen Westeuropäern und Russen gemacht. Dann geschah das Unglaubliche, mitten in der Steppe traf ich einen Westdeutschen, noch dazu blond, blauäugig, ein etwas verwirrter Kerl. Naja, ich konnte ihn nicht stehen lassen, also reisten wir zu zweit. Irgendwann wurden wir dann doch von einer russischen Patrouille aufgegriffen und in einem Hotel festgehalten. Über eine Woche geschah überhaupt nichts. Wir konnten auch nicht fliehen, wurden streng bewacht. Einen kurzen Augenblick war mal das Telefon frei und ich hatte vorsorglich die Telefonnummer der britischen Botschaft in Kabul in der Hosentasche. Ich kramte den Zettel hervor, wählte, kam durch, konnte gerade sagen, wo wir festgehalten werden, dann kam der Aufseher zurück und unterbrach die Leitung. Zwei Tage später sprach britisches Botschaftspersonal vor, wir wurden freigelassen und bekamen sogar einen Freiflug Kabul – Delhi.

Diesmal schließ ich mich in Pakistan irgendwo den Mujahedin an und schau wieder mal rüber. Afghanistan ist meine wirkliche Heimat. Nicht Frankreich, nicht mal Australien, die Schweiz schon gar nicht. Bin auch mal nach Fribourg gefahren, wollte meinen Geburtsort sehen. Lebte dort ein Jahr, wirklich, ich gab mir die größe Mühe, jedesmal wenn ich ein Anmeldeformular ausfüllen mußte oder eine Mahnung wegen irgend etwas bekam, dachte ich, ruhig Mann, ruhig, hier bist du geboren, hier sind deine Wurzeln. Nach einem Jahr gings einfach nicht mehr, bin abgehauen, hab sogar meine Schweizer Staatsbürgerschaft abgegeben. Bin dort geboren, aber nicht mehr, nie und nimmer ist das mein Land, meine Kultur. Mein Land und meine Kultur ist die Steppe.

In einem Viertel, das mehr Afghanis beherbergt als sonst in Delhi, passierte es, daß mich der »Afghani« André für einen Afghani hielt und mich ansprach. Übrigens nicht das erste Mal, in Iran und Afghanistan unterscheide ich mich äußerlich kaum von den Einheimischen. Ich wiederum wäre niemals auf die Idee gekommen, in André einen Westler zu vermuten. Für mich war er vom ersten Augenblick ein »typischer Afghani« und ich hätte es auch dabei belassen, hätte er sich nicht zu erkennen gegeben.

MATHURA, VRINDAVAN, AGRA

Achtzig Kilometer südöstlich von Delhi liegt eine der alten heiligen Städte Indiens: Mathura. In prähistorischer Zeit bewohnt von den Magas, wahrscheinlich Sonnenverehrer aus dem babylonischen Raum, wurde Mathura zunächst von den Buddhisten übernommen und später von den Hindus zu einer heiligen Stadt gemacht. Mathura gilt als der Geburtsort einer der populärsten Gottheiten des Hindupantheons: Krischna.

Der Name Krischna erscheint in den ältesten vorgefundenen Schriften des Subkontinents, den Veden und anderen früheren Schriften ohne Hinweis auf eine Gottheit. Der Krischna der Legende ist geboren in Mathura und wuchs unter Kuhhirten auf den Wiesen und Feldern des Dorfes Vrindavan auf. Für alle Krischnaverehrer/innen ist der Pilgerort Vrindavan von größter Bedeutung.

In Vrindavan traf ich auch eine hinduistische Sannyasin, Nonne, die mir viel über Krischna erzählte und mich an die Ufer des heiligen Flusses Yamuna führte.

Anita Vormelker, 31: Ich bin aus Deutschland und erhielt in Vrindavan die Sannyas-Einweihung, d.h. ich habe das Gelübde des traditionellen hinduistischen Mönchs- bzw. Nonnentums abgelegt. Wörtlich bedeutet Sannyas Entsagung und im höchsten spirituellen Sinn bezeichnet es das Aufgeben des abgetrennten Ichs oder Egos zugunsten des Höchsten Selbst, Entsagung der animalischen Natur zugunsten der göttlichen.

Vrindavan ist der Ort, an dem Krischna lebte, und wo er nach der Mythologie alle Herzen durch sein Flötenspiel verzauberte und in ihnen das Feuer einer allesverzehrenden göttlichen Liebe entfachte. Diese Mythen, von oberflächlichen Betrachtern leicht mißverstanden und oft auf eine rein materielle Ebene gebracht, enthalten tiefsten spirituellen Symbolismus, der demjenigen verständlich wird, der sich der Flut ekstatischer göttlicher Liebe hingibt.

Angela Killick, 57, England: Mein Sohn hat mich schon vor Jahren eingeladen, ihn in Indien zu besuchen. Er war Anfang der 70er dabei, als man in den Osten aufbrach. Afghanistan, Indien, Kathmandu. Bei einem dieser Trips hat er sich verliebt. Total sogar. Er ist ein Krischna-Liebhaber geworden und lebt nun in Vrindavan im ISCON-Tempel.

Ich bin Christin und bleibe es. Ich laß ihm seinen Glauben inzwischen, nun versucht er mich dauernd zu irgendwelchen Krischnahandlungen zu überreden, Mantras aufsagen, Bücher lesen. Aber ich bleibe bei der Bibel, nicht einmal die habe ich in meinem Leben gelesen und eher würde ich den Rosenkranz in der Hand halten als die Malakette. Im Großen und Ganzen verstehen wir uns gut. Da gibt es keine Streitereien oder gar Zerwürfnisse.

Die Inder finde ich nett, sehr freundlich, besonders respektvoll gegenüber alten Leuten, was man ja in Europa nicht mehr so kennt. Die Inder sind auch jederzeit zu Späßen aufgelegt, lachen schnell einmal. An die Menschenmassen muß ich mich erst gewöhnen, ich finde auch, für Indien braucht man mindestens einen zweiten Anlauf. Das erste Mal schmuggelt und kämpft man sich durch diese fremde Welt. Das zweite Mal entdeckt man mehr, kann vielleicht tiefer in das Land und in die Kultur eindringen. Aber das weiß ich erst, wenn ich wiederkomme.

Für die Mutter muß die Entscheidung des Sohnes, ein Hare Krischna-Anhänger zu werden, ein Schock gewesen sein, denn es dauerte eine Weile, bis sie mir das anvertraute. Anita Vormelker ist im Gegensatz zu dem Sohn von Frau Killick »nur« Krischnaverehrerin, dabei kann man weltlich sein wie die meisten Menschen.

Bevor ich abreiste, hatte ich noch Gelegenheit, eine Freundin von Anita Vormelker kennenzulernen, Nonne wie sie, und erfuhr auch etwas über ihr Leben.

Andrea, 35: Ich hatte in Holland überhaupt keinen Boden mehr unter den Füßen. Da schnappte ich das Wort Indien auf. Indien, dachte ich, klingt gut und ist weit weg. Da fuhr ich los. Über Land, trampte, reiste in Zügen und Bussen, rauchte Haschisch, wie man es damals machte, 1971.

Ein halbes Jahr zog ich von Ort zu Ort, Amritsar, Srinagar, Kathmandu, Goa. In Indien hörte ich dann das erste Mal Worte wie Yoga, Brahma, Tantra, Schiva, Vischnu, Krischna. Indien hat dann soviel spirituellen Eindruck hinterlassen, daß ich, zurück in Holland, anfing Bücher zu lesen. Die Autobiographie eines Yogi, von Yogananda, war eines der ersten, das mir in die Hände fiel. Da die von Yogananda gegründete Society einen Meditationskurs in Form von Lehrbriefen anbietet, probierte ich das aus. Funktionierte aber nicht richtig. Ich war noch nicht soweit. Statt dessen heiratete ich. Wir führten eine glückliche Ehe, aber nach ein paar Jahren erfüllte mich das nicht mehr, ich wollte mehr. Das war dann das Ende meines bürgerlichen Lebensversuches. Ich nahm wieder meine Yogananda-Fernstudien auf, verbrachte ein paar Jahre in spirituellen Kommunen in Europa, aber das kam dann doch immer anders raus, als ich dachte. Einzig Yogananda blieb, und die Musik.

Vor vier Jahren entschloß ich mich, nochmal nach Indien zu gehen, nach Vrindavan. Dort hatte ich sofort das Gefühl hinzugehören. Kein heiliger Ort in Indien erscheint mir so rein wie Vrindavan, da kommt kein Rishikesh mit, kein Varanasi. Ein wichtiger Bezugspunkt wurde für mich der Ashram von Ananada Mai Ma. Zu ihr fühlte ich mich stark hingezogen. Leider hab ich sie nie getroffen. Ein paar Monate bevor ich nach Indien kam, hat sie ihren Körper verlassen. Ihr Ashram war aber noch stark erfüllt von ihrer Anwesenheit und viel spiritueller Energie. Dort lernte ich auch ein paar nette alte Ashrambewohner kennen. Einer davon besuchte jeden Tag einen Heiligen. Einen wirklich Heiligen wollte ich schon immer mal sehen, also nahm er mich eines Tages mit. Der Heilige hatte eine Ausstrahlung, wie ich sie noch bei keinem anderen Menschen gefunden habe, ich wußte sofort, der besitzt Gottverwirklichung. Ein Mensch voller Aufrichtigkeit, Liebe, Hingabe. Das war eine ganz wichtige Begegnung in meinem Leben. Wenn ich Yogananda nicht schon als Guru gehabt hätte, zu dem Heiligen hätte ich auch sofort Vertrauen gehabt.

Das wichtigste Erlebnis in Vrindavan aber war die Entdeckung meiner Liebe zu Gott. Zu Gott in seiner Form als Krischna. Ihm kann ich alles schenken: meine Liebe, meine Musik, meine Lieder, mein ganzes Sein. Liebe, die frei ist von dem Gedanken des Ichs, ist wirkliche Freiheit.

Agra.
Auf dem Busbahnhof erkundigte ich mich bei einem Pärchen nach einer Unterkunft und probierte schließlich es mit meiner unvermeidlichen Frage. Beide waren Alleinreisende und hatten zufällig das gleiche Ziel, Ajmer. Die Gründe ihres Aufenthalts waren auch nicht gerade die gewöhnlichsten.

Pauline Mullin, 25, Schottland: Ich bin in Indien, um das Grab meines Großvaters zu besuchen. Er starb 1936 an Cholera und liegt in Ajmer begraben.

P. Thiévent, 34, Frankreich: Vor zehn Jahren bin ich in Afghanistan mit einem Afghani durch das Land gezogen. Ich bin an Orte gekommen, die wahrscheinlich nur wenige betreten haben. Ich hab' unglaubliche Dinge gesehen: Naturwunder und andere Wunder. Fünf Jahre später ereignete sich das Gleiche im Iran mit einem Iraner.

Heute weiß ich, beide waren Sufis. Beide haben mich Dinge gelehrt, die ich erst jetzt langsam begreife. Diesmal hat mich meine innere Stimme nach Indien gerufen, um vielleicht wieder einen Sufi zu treffen.

Torsten Frömchen,33: Bin Deserteur. Hab auch Ersatzdienst verweigert. Daß Deutschland nach Auschwitz wieder eine Armee hat, find ich eine Schweinerei. Unmögliches Volk. Nach Auschwitz so tun, als wäre nichts gewesen. Das schafft mich. In Deutschland leben, ich glaub, das kann ich gar nicht mehr.

Desertiert bin ich vor fünf Jahren. Am Anfang wars schwer. Inzwischen hab ich gelernt, immer da zu leben, wo ich gerade bin. Ohne Vergangenheit, ohne Zukunft. Bedauert hab ich diesen Schritt nie, ich konnte gar nicht anders, ich kann nicht einfach darüber hinwegsehen, was unsere Väter im Zweiten Weltkrieg verbrochen haben.

Am Anfang meines freiwilligen Exils hab ich noch Wut gehabt, auch Angst vor dem endgültigen Draußensein. Wenn man länger unterwegs ist, gewinnt man Selbstsicherheit, das kennst du ja. Man lernt, mit Unmöglichem fertig zu werden. Die Absicherungen, Krankenschutz, Rente und so brauchts alles nicht, mit dem Minimalsten das Optimalste erreichen, alles erlernbar. Sogar die Freude am Leben. Einiges hab ich den Indern abgeschaut. Die sind einfach, immer im Hier und Jetzt. Wenn du das indische Lebensgefühl raus hast, kommst du wunderbar mit den Leuten aus. Die spüren das, die sehen dir das an. Indien ist meine Lieblingsheimat geworden. Klingt etwas doof, mir fällt gerade kein anderes Wort ein. Ich mag auch Nepal, Pakistan, Bangla Desh, Sri Lanka, Thailand, egal wie die Länder heißen, aber am liebsten bin ich in Indien. Die Inder sind im Innersten friedliche und tolerante Menschen. Das gefällt mir.

Paß? Ja, das ist ein Problem. Man entwickelt aber einen unfehlbaren Instinkt, plötzlich läuft einem jemand übern Weg der einem weiter helfen kann. Genauso ists mit der Arbeit. Hab Einkäufe gemacht für europäische Geschäftsleute, die ich unterwegs kennengelernt habe. War auch mal in Europa, arbeitete in Schweden, Apfelernte, Frankreich und Schweiz, Weinernte. Hab natürlich immer einen großen Bogen um Westdeutschland gemacht. Is klar.

Auf eine Amnestie setze ich nicht, möchte nicht im Hoffnungszustand leben, da wartest du und wartest und lebst nicht mehr. Neinnein, auf das hab ich mich von Anfang an nicht eingelassen. Die BRD ist für mich ein weißer Fleck auf der Landkarte. Nicht betreten. Nie mehr.

Was macht ein Deserteur im Taj Mahal? Torsten, seit zwei Jahren in Indien, weigerte sich von Anfang an, das Taj anzuschauen, wegen seiner »Berühmtheit« und der »Touristen«. Eine geschäftliche Reiseunterbrechung bescherte ihm drei Tage Aufenthalt in Agra, nun war es an der Zeit, die »blöde Taj-Verweigerung aufzugeben«. Die Ähnlichkeit zwischen Torsten und mir war schon verblüffend. Mir erging es mit dem Taj genauso, erst auf meiner dritten Indienreise brach ich mit der Verweigerung, widerwillig, ich reiste damals mit einem Freund durch Indien und der hatte ganz selbstverständlich den Besuch des Taj Mahal im Sinn. Die

Selbstverständlichkeit brachte mich schon so aus der Fassung, daß ich keinen Widerstand mehr aufbrachte und mitfuhr. Ich wehrte mich gegen den Eindruck, dachte an die zwanzigtausend Sklaven, die es bauen mußten, an die geplünderte Natur, verließ den Ort mit düsterem und verachtendem Blick. Zuhause, im Hotel, – ich hatte einen Durchfall wie noch nie – brach ich dann zusammen. Wir mußten den Aufenthalt verlängern, nach drei Tagen stand ich wieder einigermaßen auf den Füßen und pilgerte sofort zum Taj. Kein Widerwille mehr, kein Haß, die Düsterkeit abgestreift, ich sah die Schönheit und den Zauber dieses Bauwerkes. Das war meine Begegnung mit dem Taj und die Erinnerung daran lebte durch Torstens Erzählung wieder auf.

Eine andere Übereinstimmung von Torstens und meinem Leben war die Militär- und Ersatzdienstverweigerung. Die Angst am Beginn des Exils, das Ausweichen nach Indien, die Entwicklung gewisser Instinkte bei elementaren Lebensnotwendigkeiten, wie Essen, Arbeit, Geld, das Lernen von den Indern, andere Lebensgefühle, neue Lebenswerte. Im Gegensatz zu Torsten wurde das Verfahren gegen mich eingestellt und ich kann wieder in die BRD zurück. Torsten und ich kannten uns, ohne besonders viel über uns gesprochen zu haben. Wir wußten über uns Bescheid.

VARANASI

Im Menschenstrom durch die engen Pflastergassen der Altstadt. Stufen. Reihen von Bettlern und ausgemergelten Menschen. Viele fliehen nicht mehr. Sie warten. Manche haben sich hierher geschleppt, um zu sterben. Noch ein paar Schritte und ich stehe auf einem der vielen Ghats. Da ist sie: Mutter Ganga. Die vom Himmel gefallene Göttin. Ein gewaltiger brauner Strom. Fast unbeweglich, ruhig, schiebt sich der heilige Fluß dahin. Die Sonne steigt über den Horizont. Männer und Frauen stehen am Ufer, viele im Wasser, das Gesicht der aufgehenden Sonne zugewandt, waschen sich, breiten die Hände aus, tauchen dreimal unter. Gebete ertönen aus Lautsprechern, leise werden Mantras gemurmelt, Handglocken sind zu hören, gesungene Hymnen, NAMASHIVAYA HARIOM HARIHARA RAMARAMA. Hello Sir, whats your name? What time is it? Boat five Rupees only. Flußaufwärts gleitet unser Boot an den rituell Badenden vorbei, an alten und neuen Tempeln, verlassenen Maharajapalästen, Türmen, Kuppeln und Moscheen. Auf Bambusbahren liegen in Tücher gehüllte Tote. An den beiden Verbrennungsstätten steigt mir der unangenehme süßliche Geruch in die Nase. Millionen von Menschen sind hier gestorben und ihr letzter frommer Gedanke war vielleicht Rama, Schiva. Seit Jahrtausenden waschen sich jeden Tag Männer und Frauen in den heiligen Fluten rein von ihren Sünden. Seit Jahrtausenden nach dem gleichen überlieferten Ritual. Echte und falsche Sadhus, Sannyasins und Yogis hocken auf den Stufen der Ghats, singen, lesen, beten, tragen die Götterzeichen auf ihrer Stirn, die einen das Zeichen Vischnus, zwei vertikale Linien, die anderen haben sich das Zeichen Schivas aufgemalt, drei horizontale weiße Linien. Pandits unter Sonnenschirmen rezitieren die in Sanskrit geschriebenen Veden. Ich sitze im Boot und in weichen Wellen umfluten mich Gedanken und Gefühle.

In Varanasi wird und wurde gestorben wie nirgendwo sonst. Es ist die Stadt des Todes, des lebendigen Todes. Nach Varanasi pilgern die Menschen, um als Asche ihre Inkarnation zu beenden.

Und diese würdevolle, alte, weise Wassermasse nimmt seit Jahrtausenden die schwarze Asche auf eine lange Reise mit.

Varanasi, auch Benares genannt, ist eine der ältesten noch lebenden Städte der Welt. Hauptstadt des Hinduismus, als religiöses Zentrum mir vergleichbar mit dem jüdischen Jerusalem, dem islamischen Mekka, dem christlichen Rom. Es ist die Stätte hinduistischer Gelehrsamkeit. Hier schrieb Shankara, der Reformator des Brahmanismus, seine philosophischen Hauptwerke. Varanasi ist auch seit alters her das Zentrum der traditionellen indischen Musik.

Varanasi liegt am heiligen Fluß Ganga, der im Himalaya entspringt. Ursprünglich gehörte die Ganga den göttlichen Regionen an, entsprang der Zehe des Gottes Vischnu und befruchtete die Sphäre des Himmels. Die Götter gaben ihr Einverständnis, daß die heiligen Wasser der Ganga auch die Erde befruchten dürfen. Der Fluß kam in einer mächtigen Strömung auf die Erde zu und drohte sie wegzuschwemmen, hätte nicht Gott Shiva den Fall des heiligen Wassers in seinem Haarschopf gebrochen. Vom Kopf Shivas floß die heilige Ganga dann hinab in die Ebene.

Die Hindus betrachten das Wasser der Ganga als Elixier. Täglich getrunken, führt es zur Unsterblichkeit. Ein Bad in den Fluten der Ganga reinigt von allen Sünden. An über fünf Kilometern Gangesufer ziehen sich 47 Ghats hin, an denen diese Bäder und Einäscherungen vorgenommen werden. Fünf Ghats gelten als besonders heilig. Einer davon ist der Panchganga Ghat, Fünfstromghat, weil hier vier unsichtbare Flüsse in die Ganga einfließen sollen. Das Manikarnika Ghat ist der Ausgangs- und Endpunkt der Pilgerstraße »Panchkoshi«. Die Straße ist 50 Meilen lang und wird von den hinduistischen Wallfahrern unter genau vorgeschriebenen Zeremonien in zehn Tagen zurückgelegt. Jeder Mensch, gleich welcher Kaste oder Religion, der innerhalb des heiligen Bezirks der »Panchkoshi« stirbt, soll, von allen Sünden gereinigt, sofort ins Paradies eingehen.

Von all diesen Dingen wußte ich bei meinem ersten Varanasiaufenthalt wenig. Ich habe es in Varanasi nie lange ausgehalten. Der süßliche Geruch an den beiden Verbrennungsghats widerte mich an, zu den westlichen Modesadhus fand ich keinen Zugang, die seriösen Sadhus waren von den Einheimischen kaum zu unterscheiden, und die Drogenszene war in Varanasi nicht so offen und durchlässig wie in Delhi. Die Drogenabhängigen lebten in billigen Hausbooten und manche der Süchtigen verpaßten sich gerade hier in Varanasi ganz bewußt bei religiösen Festen oder bei Sonnenaufgang die tödliche Überdosis. In Varanasi gab es damals wie heute seriöse westliche Sprach- und Musikstudenten. Die meisten leben in der Nähe der Universität und im Stadtteil Assi.

Schon am ersten Tag meines letzten Besuches machte ich in einem Kassettenrecorderladen die Bekanntschaft zweier Assibewohner. Marianne gab mir eine kurze und beeindruckende Einführung in die indische Musik. Brian faßte sogleich solches Zutrauen, daß er mich an seinem ganz persönlichen Problem teilhaben ließ. Ohne Mariannes Anwesenheit, die beiden kennen sich seit Jahren, wäre das kaum zustande gekommen.

Marianne Vandborg, 25, Dänemark: In Indien mußt du nicht Noten lesen können, um ein Instrument zu spielen, da wird keine Bildung verlangt wie in Europa. Bei uns mußt du ja schon spielen können, bevor du anfängst zu lernen. Hier brauchst du ein Gehör und statt vom Blatt abzulesen, improvisierst du. Statt mit Notenarbeit ermuntert dich dein indischer Lehrer mit dem Satz: Wenn du spielen willst, lernst du es auch.

Brian S. Liptzin, 35, USA: Seit Wochen habe ich Kopfweh, meine Tabla wird und wird nicht fertig, ich kann nicht üben und mein Guruji ist sauer, mir gehts zur Zeit überhaupt nicht gut. Mein bester Freund ist der Doktor geworden, den such ich täglich auf. Aber ich liebe Varanasi. Daran liegts nicht. Ich liebe diese Stadt mit ganzen Herzen. Ich möchte nirgendwo anders sein. Am liebsten hätte ich ein Haus am Ganges. Weißt du, ich leb schon sieben Jahre in Varanasi und möchte nicht mehr weg. Ich such auch eine Frau. Diesmal hab ich auf eine Anzeige ein paar schöne Briefe bekommen. Nun braucht es da noch einige klärende Anfragen, aber es läuft gut an. In Indien werden die Karten noch ehrlicher auf den Tisch gelegt und man einigt sich auf eine Heirat oder nicht. Ich verlange keine Mitgift, neinnein, meine einzige

Bedingung, die ich stelle, ist, sie muß Musikerin sein, was für ein Instrument sie spielt, Sängerin, egal, Musikerin, sonst heirate ich nicht. Ich möchte auch niemand aus hoher Kaste, ich sage nicht nein, aber ich möchte eine einfache Frau, so einfach wie ich bin. Ich hab mir meine Bildung auf Reisen angeeignet und mit Musik hab ich als Kind angefangen. Anyway, wenn meine Heirat klappt, hab ich auch schon Baupläne mit indischen Freunden. Wahrscheinlich müßte ich erst mal zurück in die Staaten, mit ihr, ist klar, Geld machen und wieder zurück nach Varanasi.

Beim Spaziergang im riesigen Unigelände verlief ich mich, benutzte die Gelegenheit, eine Westlerin nach dem Weg zu fragen. Wie es der Zufall wollte, hatte Isabel die gleiche Richtung. Das sich entwickelnde Gespräch zog sich dann über einige Stunden hin.

Isabel, 27: Im Frühjahr 80 hatte ich ein wichtiges Erlebnis in Rom. Ein Künstler, der viele Jahre in Asien gewesen war, hat mir so'n inneren Kick gegeben, Medizin nicht immer als 'n unerreichbaren Traum zu sehen, sondern in der Richtung was zu unternehmen. Ging in die BRD zurück, studierte Philosophie, mein Notendurchschnitt ließ vorerst nichts anderes zu, las anthroposophische Schriften, versank fast wieder in Träumerei. Da lernte ich auf'n Flohmarkt in Hamburg 'n alten Polen kennen, dreimal aus'n KZ geflohen, immer wieder gefaßt und trotzdem alles überlebt, der alte Pole wollte mir'n Medizinbuch abkaufen, um ein Medizinstudium nachzuholen. Dieser Mensch beeindruckte mich so sehr, daß ich erst mal'n Schwesternkurs machte und in Herdecke ein dreimonatiges Praktikum absolvierte. Da hatte ich dann das erste Mal Erlebnisse mit dem Tod. Dann tauchten wieder meine alten Medizinerzweifel auf. Ich fuhr wieder nach Rom. Der Künstler war in Asien, also ging ich zu meiner Freundin, sie is' Dichterin. Die wollte gerade ihre Tochter in Indien besuchen und bezahlte mir einfach den Flug. Das war Ende 80.

In Indien gings auch gleich heavy los. Meine Freundin is' aus Versehen, sie dachte, es is' ein Tempel, in einem ayurvedischen Institut gelandet und brachte von da gleich einen Typen mit, der mich in den nächsten Tagen mit dem indischen Medizinsystem etwas vertraut machte. Meine Freundin is' dann weiter, ihre Tochter besuchen, und ich fuhr mit dem Typen nach Lucknow. Der hat aber versucht mich anzumachen, da wurde ich so wütend, daß ich mich von ihm trennte und in Lucknow im nächsten Hotel abstieg. Nun hatte ich gerade so'ne Amöbenruhr, und die Unterkunft stellte sich als ein Stundenhotel heraus. Das war'n Alptraum. Habs am nächsten Tag nach Varanasi geschafft, dort kam ich erst mal ins Krankenhaus und nach 'ner Woche hatte ich mich so einigermaßen erholt, ich nahm zumindest nicht mehr ab.

In Varanasi lernte ich dann mehr über die Ayurvedic, die indische Philosophie, praktizierte Yoga, beteiligte mich an Meditationskursen, beherbergte eine Drogenabhängige, die ist dann an einer Überdosis gestorben, das war auch heavy, daran kaue ich heute noch.

Ich lebte mich gerade ein, lernte, da kam ein Brief aus der BRD. Ich hatte einen Medizinstudienplatz in Bochum erhalten. Das war erst mal'n Schock. Damit hatte ich irgendwie nicht mehr gerechnet. Ich wußte auch genau, wenn ich es wirklich erst meinte mit dem Medizinstudium, mußte ich zurück. Ich tats auch.

Die BRD war der nächste Schock. Wenn man eine andere Annäherung und andere Ansprüche an die Medizin hat, ist's schon schwer, diesen einseitigen Weg der Allopathie zu folgen. Studierte und las nebenbei auch viele Heilbücher anderer Kulturen. Ich vertiefte mich mehr und mehr in die Homöopathie. In dieser nicht immer leichten Studienzeit lernte ich dann eine wunderbare Frau kennen: Frau Ungern-Sternberg, an die 90 Jahre, hervorragende Astrologin und eine durch und durch mythologische Person. Zwischen uns entwickelte sich eine starke Freundschaft.

Durch sie wurde ich mit der Anthroposophie Rudolf Steiners vertrauter. Meine liebe Freundin hat mir auch geholfen, die Indiensehnsucht zu überwinden. Nach drei Jahren ging ich voll in den offiziellen und inoffiziellen Studien auf. Mich interessiert die Gesamtschau der Medizin. Leider ist auch die Homöopathie nicht vollständig, in ihr fehlt z.B. das ayurvedische Menschenbild, das Fasten, das Kochen und die Blutreinigung. Aber ich bekomm das schon zusammen. Die westliche Medizin ist mir mit Ausnahme der Chirurgie einfach unvollständig. Außerdem ist es ein schwachsinniges Studium. Du brauchst ein gutes Gedächtnis und das Mäusesezieren darf dir nichts ausmachen. Das ist alles. Im praktischen Jahr machst du Hilfsarbeiten, lernst Rezepteverschreiben und damit wirst du auf die Patienten losgelassen. Ich find das schlimm.

Jetzt bin ich erst mal hier, um so eine Doktorarbeit zu schreiben, hab selbstverständlich Registrierungsschwierigkeiten, das dauert alles in Indien, irgendwie klappt es dann doch. Genauso wird sich das Thema meiner Arbeit finden.

Claudia Koltzenburg, 32: Das erste Mal bin ich 81 in Indien gewesen. Reiste ein halbes Jahr im Süden, kam dann in den Norden nach Dharamsala. Bei den Tibetern hats mich reingezogen. Lebte rund ein Jahr in Klöstern und machte die Erfahrung, daß in den geistigen Welten auch Gesetzmäßigkeiten herrschen. Das war für mich eine wichtige Erfahrung, weil mir da unser beschränkter westlicher Blickwinkel bewußt wurde. Bald darauf fand ich in Varanasi meinen Musiklehrer, und seither komme ich regelmäßig nach Indien, um Musik zu spielen.

Für mich ist Indien das Ursprungsland der Musik, eine herrliche Musik. Damit kann man intimste Empfindungen und Stimmungen ausdrücken. Der Raga z.B. ist eine festgelegte Gruppe von Tönen, die ein bestimmtes musikalisches Klima erzeugen und bei Hörer einen bestimmten musikalischen Zustand auslösen sollen. Das machst du mit Improvisation. Also Improvisation innerhalb eines bestimmten Rahmens, da gibt es starre Regeln, Jahrtausende alt, daneben das Jetzt – deine Improvisation. Ragas können gar nicht komponiert werden, jeder Raga ist eine Neuschöpfung. Da gibts z.B. Morgen- und Abendragas, Ragas für bestimmte Götter, Jahreszeiten, Feuer- und Regenragas usw. Die Dauer eines Ragas ist auch nicht festgelegt, da gibts welche von 15 Minuten, andere dauern Stunden. Was auch wichtig ist an der indischen Musik, die menschliche Stimme dient als Vorbild. Das bemerkst du in allen Musikstücken, auch bei reiner Instrumentalmusik. Tonartwechsel kennt die indische Musik auch nicht, die behält einen gleichbleibenden Grundton. Für die indische Musik brauchst du sehr verinnerlichtes Musikdenken. Du spielst nicht einfach vom Notenblatt. Da mußt du wirklich das

Gefühl aus deinem Innersten hervorholen. Jetzt mußt du mich entschuldigen, ich muß üben. Willst du zuhören? komm doch mit!

Juan Caballero, 36: Ich spiele Bacavach. Vor vier Jahren hab ich damit angefangen. Auf einem Musikfest in Italien hörte ich das Instrument das erste Mal. Auch indische Musik erlebte ich das erste Mal live. Ich hörte eine Weile zu und dachte mir: He, was ist denn das für eine Musik. Die hat mir sofort gefallen.

Bald darauf bin ich nach Indien geflogen, Delhi, Agra, das Taj Mahal angeschaut, weiter nach Varanasi, mir eine Bacavach gekauft, einen Lehrer gefunden und los gings. Drei Jahre lang habe ich den Winter in Varanasi verbracht, dann hab ich ein Studienjahr bekommen, das geht in einem Monat zu Ende. Bereite gerade meine Rückreise nach München vor. Hab dort gute Freunde und kann schwarz arbeiten. Eigentlich bin ich Argentinier, Buenos Aires. Während der Militärdiktatur gelang mir die Flucht ins Exil nach Spanien. In Spanien hab ich dann die Staatsbürgerschaft erhalten und mit spanischem Paß kann ich mich in Europa frei bewegen.

Indien hat mir gut gefallen, bin allerdings überhaupt nicht im Land gereist. Für mich ist die äußere Reise unbedeutend. Die innere Reise, das ists. Die mach ich mit meiner Bacavach. Das Trommeln hat mir schon immer gefallen. Das hab ich im Blut. Die Bacavach ist ein Rythmusinstrument, das einen urigen Sound hat, tief, ganz tief, ist nicht leicht zu spielen. Die Bacavach wurde früher ausschließlich in Tempeln gespielt, oft als Begleitung zu gesungenen Mantras. Erst später hat sich die Bacavach zu einem Einzelinstrument entwickelt. Die Tabla z.B. ist eigentlich eine geteilte Bacavach und ist auch erst fünfhundert Jahre alt. Eine Erfindung der Moslems. Für die leichte Muse ist die Bacavach nichts.

Anne Marie Mathiesen, 24, Dänemark: Ich spiele das Instrument, das in Ost und West gespielt wird, Violine. Wie du bin ich in Europa aufgewachsen, habe dort angefangen mit der Notenlernerei, hatte meine Lehrer über ein Jahrzehnt hinweg, dann suchte ich eine andere Annäherung. In dieser Zeit überredete mich ein Freund zu einem Konzertbesuch in Kopenhagen. Es war das erste Mal, daß ich indische Musik live erlebte. Ich war begeistert, mir gefiel das so gut, daß ich nach der Vorstellung den Violinmeister ansprach und fragte, ob er mich als Schülerin akzeptieren würde. Er lachte, sagte ja und drei Monate später war ich in Varanasi. Drei Winter kam ich für jeweils fünf Monate und lernte, jetzt hab ich eine Scholarship erhalten und kann zwei Jahre bleiben.

Anfangs bin ich ganz unbeschwert ans Musizieren rangegangen. Wenn man sich dann einige Zeit ununterbrochen in Musikerkreisen aufgehalten hat, Konzerte besucht hat etc., merkt man, daß die klassische indische Musik wie die europäische in der aristokratischen Gesellschaft verankert ist. Ein öffentliches Konzert ist oft nur ein Expertentreff, die einfachen Leute sind da nicht anzutreffen. Im Westen ist jetzt so ziemlich alles für jeden zugänglich, nicht in Indien. Die Kunst, in diesem Fall die Musik, wird nicht jedem gelehrt. Das Ziel der musikalischen Bildung ist auch nicht, einer breiten Allgemeinheit das Spielen beizubringen. Die Ausbildung zum Musiker ist in Indien eine Berufung und beginnt in frühester Kindheit.

Helmut Karg, 31, Österreich: I wollt mit mein Freund nach Syrien und in Irak. Der Nahe Osten hat mi scho immer stark anzogn, aber mit de Visas is des manchmal schwierig. So wars dann auch mit dem Irak. Kein Visa. Also sind wir zurück in die Türkei, in Iran eini, nach Afghanistan, auf amal Pakistan, Indien. Nie wollt i dahin. Was hätte dort solln. Uma gereist sama, graucht hama und wie viele andere hat uns Indien gfalln. Dann habe amal Musik ghört. Da hats me packt. Musik hat me schon immer interessiert, als klaner Bub habe scho immer trommelt.

In Bihar habe mein ersten Lehrer gfundn und seitdem fahr regelmäßig nach Indien. Zur Zeit habe mein Lehrer in Varanasi, seit vier Jahrn fahr i im Winter daher und trommel. Mirdang heißt mein Instrument. Wohna tu i privat, da were a verpflegt und im Frühjahr gehe zurück nach Tirol, da gehe dann immer auf'd Alm, nacha tromml i di Küh was vor. Die schaun scho zuerst, sowas sans net gwohnt, nach'ner Weil habn se sich auch dran gwöhnt.

Wenn man so fünf Monate unter Musikern is, da gehts nach ner Weil wie überall zu. Der eine redt übern andern, der eine kann des net, der ander lernt des nimmer und der und der Meister kann überhaupt nix vermitteln. Des is wie mit de Religionen, die einen behaupten, daß die andern des net habn und machn des Ritual weils glaubn, daß des nur so richtig is. In Wirklichkeit sans alle gleich. Die Muster san anders, wers lieber kühl und nüchtern hat, find was, und wers lieber warm und blumiger hat, find a was. A jeder richt sichs ein. Warum a net.

I zum Beispiel geh noch zwei Wochen nach Almora, da is kühl, warm und blumig, dann flieg i nach Europa zurück.

Bruno, 26, Rio de Janeiro, (Varanasi – Ganga Mahal) 1987: Es ist schön hier. Schau, der Ganges, diese Stimmung. Mir gefällt das. Ich schlafe auf dem Dach und erlebe jeden Morgen den Sonnenaufgang, die betenden und badenden Hindus, das Erwachen eines neuen Tages. Ich nehme das mit allen Sinnen auf, das ist meine Meditation. Manchmal geh ich auch schwimmen. Eine Zeitlang an einem Ort zu wohnen, da dringst du tief ein, da lernst du schauen, wenn du die Sprache nicht kannst. Ein Abenteuer. Für mich ist alles ein Abenteuer. Auch hier, in diesem ehemaligen Palast triffst du Leute aus allen Ländern, jeder hat seine Story, seine Erfahrungen. Mir gefällt das. Zur Zeit backe ich Brot und verkaufe es. Möchtest du probieren? Das Leben hier am Ganges ist genau das, was ich im Moment brauche und die Ganga Mahal ist genau das, wonach ich gesucht habe.

Ich bin nun doch schon dreieinhalb Jahre unterwegs, genau die Hälfte von dem, was ich mir vorgenommen habe. Von Rio bin ich erst mal in den Norden Brasiliens, dann nach Portugal, durch Spanien, in Frankreich hab ich meinen Vater besucht und meine französischen Papiere erneuert, dann kam England, Norwegen, Dänemark, Deutschland, Schweiz. Insgesamt war ich zwei Jahre in Europa. Das Geld hab ich mit Violinspielen verdient. In Paris, in Kleinstädten, in Zürich. Zürich war gut. Da hab ich manchmal soviel verdient, daß ich Freunde zum Essen einladen konnte und alles Geld war wieder weg. Mir gefällts, so zu leben.

Dann gings nach Marseille und mit dem Schiff nach Algier. Durch die Sahara. Phantastisch. Mitten in der Sahara in einem kleinen Ort traf ich eine Neuseeländerin, blond, blauäugig. Wir verliebten uns auf den ersten Blick. Wir fuhren gemeinsam nach Toto und lebten dort acht Monate in einem Haus am Meer. Ich spielte Violine, sie gab Englischunterricht. Dann gings weiter nach Jenya. Dort trennten wir uns. Ich flog nach Bombay und sie nach Südafrika.

In Bombay fühlte ich mich erst mal verloren, zersplittert, auseinandergefallen. Die Trennung von meiner Freundin, die riesige Stadt Bombay und vor allem hatte ich keine Violine. Wenn ich eine Violine habe, ist alles ok, jetzt hab ich sogar zwei. Ein Inder erzählte mir dann von der Musikerstadt Varanasi, dort sollte ich hinfahren, aber Varanasi lag hoch im Norden, das war mir zu weit, ich spürte auch, das ist zu früh. So ging ich erst mal in den Süden, Goa, Kerala, Karnataka, Tamil Nadu, vier Wochen, plötzlich wußte ich, jetzt bin ich bereit für Varanasi.

Um 3.30 Uhr kam ich an. Ich wollte zuerst den Ganges vor Sonnenaufgang erreichen, davon hab ich jahrelang geträumt. Und es klappte wunderbar. Mit dem ganzen Gepäck war ich um 5.00 Uhr am Hauptghat. Das war herrlich. Das war ein Abenteuer für mich. Ich zitterte vor Aufregung. Du mußt dir vorstellen, ein Traum geht da plötzlich in Erfüllung. Es war schön, einfach schön, der Fluß, der Ganges, wie er so ruhig dahinfloß, die Hindus, die beteten und badeten, die aufgehende Sonne.

Als ich die Ganga Mahal kurz vor Neujahr verließ, bereitete sich Bruno langsam auf seine Abreise vor. Er spürte, daß es bald wieder so weit sein würde. Nepal und Tibet waren seine nächsten Ziele. Weiter schwebten ihm Japan, Indonesien und Australien vor. Ob Bruno regelmäßig mit Schecks von seiten seiner Mutter oder seines Vaters versorgt wird, weiß ich nicht. Er ist der Typ von Glückspilz, dem sich immer wieder eine Finanzquelle in irgendeiner Form eröffnen wird.

Pepe, 36: Ich komme aus Italien und dort kümmert sich der Staat einen Scheißdreck um seine Bürger. Wenn du in Italien ohne Geld, ohne Arbeit, ohne Schule und Beruf bist, bist du allein, wirklich allein. Niemand hilft dir, denn der Staat ist nur für sich selbst da. In anderen westlichen Ländern gibt es Arbeitslosenunterstützung, Sozialhilfe, Krankenversicherung, nichts davon in Italien. Wenn du nicht alles machst, was der Staat dir vorschreibt, schließt du dich entweder dem Verbrechen an, Mafia, Rote Brigaden, Kidnapping, oder du machst es so wie ich, gehst nach Indien und wirst Saddhu. Ciao.

Pepe besuchte Freunde in der Ganga Mahal, Italiener selbstverständlich, meine Nachbarn von gegenüber. (Die wohnten zum Beispiel zu dritt in einem Zimmer, einer davon hatte eine interessante Geschichte.)

Kali Baba, 33, Italien: Seit sechs Jahren pendle ich zwischen Indien, Nepal und Thailand. Zuerst flog ich nach Nepal. Dort war ich zusammen mit einem Baba und wir rauchten den ganzen Tag Chillums. Ich hatte keine Ahnung, was ich eigentlich tat. Dachte einfach, das gehört sich so. Bis das Geld zu Ende war. Ging zu Embassy. Die gaben mir etwas Geld und viel blablablabla. Dann verkaufte ich meine Sachen: Schlafsack, Hosen, Hemden, Pullover, Bücher, Rücksack. Das reichte wieder für einige Zeit. Dann kam ein Freund. Als der auch nichts mehr hatte, schickten meine Eltern Geld. Auch Freunde schickten was. Dann nach Indien. Nepal. Indien. Nepal. Thailand. Indien. Nepal. Immer so. Sechs Jahre. Ich bin ein Saddhu. Zuerst war ich enttäuscht. Von hundert Saddhus fünf Echte. Höchstens. Durch all das muß man durch. Ich hab mich wiedergefunden in diesem Teil der Erde. Bin so viele Male gestorben, wiedergeboren, gestorben, wiedergeboren. Too much. Kannst du mir folgen? Klingt verrückt. Ist aber einfach. Teile von uns bestehen von Beginn an. Teile von uns waren Pflanzen, Tiere, Steine, Bäume. Ein paar Teile erinnern sich immer an vorher. So ist das. Wenn du diese Stimmen und Schwingungen mal gehört hast, das ist was Göttliches. Unbeschreiblich. Das muß man erfahren. Du triffst Gott. Danach ist alles anders. Vorher hab ich Gott nicht getroffen, hab ihn nicht gebraucht. Hab auch einen Guru gehabt. Lange gelernt bei ihm. Dann mal kurz nach Italy. Ein paar Monate. Habe Meditationsunterricht gegeben. Kein Geld verlangt. Stellte alles zur Verfügung. Nach einer Weile haben die meditierenden Büroleute und Beamten angefangen das Haus zu renovieren, dies und das schön machen. Too much. Das wurde mir alles zuviel und ich bin wieder nach Indien gegangen. In Europa ist ein niedriger spiritueller Grad. Ich hab das nicht mehr ausgehalten. Die sind alle Sklaven von Geld, Besitz, Zeit. Verrückt. Indien wird auch schlimmer. Alle wollen mehr Geld. Visa kriegt man auch nicht mehr so leicht. Vielleicht sollte ich zurück nach Europa, das war mein Gedanke heute vormittag. Gelernt hab ich viel und viele Geschichten, zu viele. Das Wichtigste, was ich gelernt habe: die einzige Religion ist Liebe.

Kali Baba traf ich vier Monate später in einem kleinen Dorf im Himalaya wieder. In der Tasche hatte er ein Rückflugticket nach Rom. Wäre interessant, zu erfahren, wie es ihm diesmal ergangen ist. Vielleicht treffe ich ihn in ein paar Jahren in Indien wieder.

Eines Tages begegnete ich Laura mit einem Foto ihres Bruders.

Laura Fontana: Ich such meinen Bruder, der ist vor sechs Jahren nach Indien gegangen und seither haben wir nichts mehr von ihm gehört.

Armando, 42: Ein Jahrzehnt oder so lebe ich hier. Ich weiß genau, daß meine Familie mich sucht, daß sie traurig sind, aber ich kann nicht anders, ich kann nicht mehr zurück. Ich möchte von Europa nichts mehr lesen und hören, damit bin ich fertig. Der vorher war ich einmal, jetzt bin ich ein anderer und ich bin glücklich, was immer das bedeuten soll, aber schreib das, ich bin glücklich. Ich vermisse Europa nicht, nicht Italien, nicht meine Familie, nichts. Ich bin.

Zufall. Es besteht kein Zusammenhang zwischen Laura und Armando. Armando war von indischen Sadhus kaum zu unterscheiden, aber irgend eine »Kleinigkeit«, etwas Unindisches entging mir nicht, der Instinkt sage mir, daß der Typ auch Europäer sein könnte. Meine Neugierde ließ mich nachfragen und meine Vermutung bestätigte sich. Ich traf Armando eines Nachmittags an einem der Ghats am Gangesufer. Das heißt, ich verbrachte Stunden dort, meist sitzend und auf die Ganga schauend, er auch. Wir sahen uns am folgenden Tag am gleichen Ort wieder, sprachen kein Wort, saßen wieder stundenlang schweigend da und gingen auch so auseinander. Auf dem Weg in die Ganga Mahal ergab es sich, daß ich die kurze Bekanntschaft eines anderen merkwürdigen Menschen machte.

Tonbi, 34: Für mich gibts kein Zurück. Hier, schau. Diese Spritze hab ich mir am Arm tätowieren lassen, weil ich dazu steh. Irgendwann geh ich an einer Überdosis drauf. Andere gehen an Langeweile und Krebs drauf.

Die einen sind fast fertig mit dem Leben, die anderen stehen mitten drin, und wiederum andere fangen an, zu entdecken, und einen hab ich gesprochen, der offensichtlich etwas gefunden hat.

Patt Longhurst, 38, England: Jeder findet die Kultur, in die er hineingehört. Ich fand meine vor 15 Jahren hier in Indien.

Dort lebt er immer noch. Offiziell, angestellt bei der Universität Varanasi bezieht er ein Gehalt von einigen hundert Rupien im Monat und das genügt. Damit ist Patt zufrieden. Hie und da Publikationen in Zeitschriften und Zeitungen Englands, aber nur, wenn er mal kurz nach Europa möchte, um Freunde und Familie zu besuchen.

In der Ganga Mahal vernahm ich eines Tages dumpfes regelmäßiges Dröhnen. Im ersten Moment hielt ich das Stampfen für eine Arbeit in der Küche. Aber das stetige Wiederkehren, zuerst in der Frühe und nochmals am späten Nachmittag, jeweils eine halbe Stunde, verwunderte mich mehr und mehr. Vor allem fiel mir eine angenehme Rhythmik auf, zum Schluß empfand ich es fast als ein zartes Grollen. Nach ein paar Tagen kam ich dem Stampfen auf die Spur.

Doris Kamber, 32: Indien is schon immer mei Traum gwese. Scho mit 13 und 14 Jahr hab ich a starke Sehnsucht nach Indie ghäbt. Warum weisse au net. Na habe so a Bild von an indischen Guru gfunde, des hab ich mir aufghobe und des hätt mir so gut gfalle, des schöne Gsicht und die Ausstrahlung. Wer der Guru is, des weisse heut no net.

In Kobehage habe na an Däne kennenglernt, der so a Musikmeeting zwische Inder und Europäer organisiert hätt. Durch ihn bin i auf die indische Musikschul in Basel aufmerksam gmacht worde. Vom Schwarzwald is net weit dahin, so bin i einmal in der Woch nach Basel gfahre und hab angfangt, Vokal und Tabla zu lerne. So habe Kontakt ghalte mit Indie.

Das i jetzt in Indie bin, des hab i vor genau sieben Jahr gwußt. Akomme bin i vor drei Monat in Bombay, dann Delhi und nach Himachal Pradesh. Mir hat Indie sofort gfalle, kein Schock, gar nüt.

Hier in Lucknow habe an Tanzlehrer kenneglernt. Guru Banamala Sinha. Des Tanze häb i mir eimal agsäh, des hätt mir glei so gut gfalle, das i agfrangt hab, zu lerne. Was i jeden Tag üb, is de Manipuristil aus Assam. Des is a Tanz mit lebhafter Musik, voller Naturbewegunge, religiös, lyrisch vor allem, die Hand und der Kopf sin stark betont, aber alles zierlich und fein. Die südindische Tänz zum Beispiel betone viel mehr die Frauenreiz, da sin viel Bauchtanzelement drin, so körperbetont is der Manipuritanz net, der is diskreter.

Aber des sin au bloß Äußerlichkeite. Alle Tänz, ob im Süde, Norde, Weste oder Oste sin göttlich und suche eins zu werde mit dem Unendliche. Der Tanz als a Symbol von ner rhythmische Bewegungsquelle im Kosmos. Die Gedanke und Symbol die dahinter steh, die find i ganz toll.

Die nächsten Beiträge habe ich bei Vormittags- und Nachmittagstee aufgesammelt. Der Inhalt schälte sich erst nach einigen Gesprächsrunden heraus.

Jan Zweemer, 26, Holland: Die Vedanta, die Philosophie der Veden hat drei Grundsätze: 1. die wahre Natur des Menschen ist göttlich. 2. es ist Ziel des menschlichen Lebens, diese göttliche

Natur zu verwirklichen. 3. alle Religionen stimmen im wesentlichen überein.

Das gefiel mir, das veränderte mein Leben, das führte mich nach Indien. Der Westen mit seinem Tätigkeitsdrang läßt einem buchstäblich keine Zeit. Wir stecken dauernd in Arbeiten, die wiederum andere Arbeiten nach sich ziehen. Mal inne halten, nachdenken, gilt als schwach und feige, ja sogar als pessimistisch und weltfremd. Wir im Westen rasen einfach weiter. Immer auf der Flucht vor unserem eigenen Selbst.

Glenn Anders, 21, USA, 1987: Die US-Politik möchte Südasien in den Griff bekommen, darum ist es im Moment leicht, Urdu, Hindi, Sanskrit, Malayam, Bengali, Talugu, Nepali, Tibetisch zu lernen. Da gibt es eine Menge Staatsgelder. Von all den Leuten, die im Moment südasiatische Sprachen lernen, werden dann ein paar fürs State Department arbeiten und spionieren, Informationen sammeln etc. Ich nicht.

Ich mag Sprachen. Ich lerne Hindi und Sanskrit. In den Sprachen kann man auch die kulturellen und geistigen Unterschiede aufspüren. Die Inder z.B. drücken sich ganz selten so direkt aus, wie wir im Westen. Wir benutzen auch viel weniger das Passiv. Ganz anders hier. Die Inder sagen z.B. nicht, ich habe Hunger, die sagen, der Hunger kommt zu mir. Ich finde das schön.

Nun kommen drei spezielle Männer zu Wort. Die Namen der drei sind ausgewechselt, die Nationalitäten stimmen. Ein Israeli, ein Araber mit europäischem Pass und ein Österreicher. Um ihr Vertrauen nicht zu enttäuschen, mußte ich manches Gesagte weggelassen.

Abraham Bachrach, 35, Israel: Meine Eltern sind gestorben, als ich zwölf war. So schmerzvoll das war, ich lernte früh, an nichts und niemanden gebunden zu sein. Ich bin ohne Illusionen aufgewachsen. Ich mußte mich intellektuell und körperlich durchsetzen, ohne Familienhintergrund, ohne jemand, der mich beim Scheitern aufgefangen hätte. Das war gut. So kam ich schneller zu meiner Selbstverwirklichung, das ersparte mir familiäre Grabenkämpfe. Bei der Armee war ich als Flugzeugnavigator tätig, machte den Jom-Kippur Krieg mit, sah Tote, tötete und trat aus der Armee aus. Was für ein Unsinn: Töten. Krieg. Ich wollte die andere Seite des Seins kennenlernen. Darum Indien. Fünf Jahre. Ab und zu mal Nepal wegen dem Visa. Ich lernte Musikinstrumente bauen, ich mach überhaupt Handwerksarbeiten aller Art, so konnte ich Geld verdienen, indem ich für Westler die verschiedensten Dinge machte: Geigenbögen, Tablabespannungen, Hämmer zum Stimmen. Auch die Schuhe, hier schau, sieben Jahre alt, selbst gemacht, gutes Material und Pflege, das ist das Contra zum Luxus. Sieben Jahre brauchte ich nichts für Schuhe ausgeben. Wenn du dir das vor Augen hältst, ist es schon erstaunlich, wie sich die Menschen vom Materiellen abhängig machen lassen. Ich liebe die Selbständigkeit, ich möchte frei und unabhängig sein, soweit mir das möglich ist. Möglich ist viel, das kannst du mir glauben.

Die Einsamkeit und Stille mag ich auch. Meine musikalische Begleiterin ist die Sarangi. Ein wunderbares Instrument. Eine Frau lieb ich auch. Eine. Wir haben uns vor drei Jahren kennengelernt und seither kann ich an keine andere mehr denken. Das Maß, das diese Frau gesetzt hat, ist ungeheuerlich. Wir werden uns wieder treffen. Irgendwann, irgendwo.

Ich fahre bald in den Süden, erstens hab ich kein Visum, zweitens bekommt man Probleme, wenn man zu lange an einem Ort lebt. Die Inder lassen keine Entfaltung zu, die nehmen dir die Stille, nicht nur das, die bedrängen dich solange, bis du dich wehrst, dann hast du die Probleme. Ich habe es satt, mich wegen Kleinigkeiten mit den Menschen zu streiten.

Vom Süden Indiens organisiere ich irgendwie meine Überfahrt nach Sri Lanka und dort baue ich mir ein Boot. Auf dem Segelboot möchte ich dann den Rest meines Lebens verbringen. Alleine, wenn es nicht anders geht. Ob sie mitfährt, weiß ich nicht, es wird hart werden, das muß sie sich genau überlegen, denn da, wo ich hin will, gibt es Stürme und ist es kalt. Aber ich steh lieber einem Sturm gegenüber, als der Gemeinheit der Menschen.

A. B., 35: Ich lenke mich mit Indien ab. Weiter nichts. Was soll ich sonst tun? Geld hab ich, das ist kein Problem. Ich brauch nicht für Paisa arbeiten. Aber das spielt auch keine Rolle. Das Leben, ob reich oder arm, ist Manipulation von Anfang an. Überall versuchen sie dir eine verrückte Welt aufzudrücken. Wirklich verrückt. Überall Verrückte am Werk: im Christentum im Islam, im Hinduismus, im Buddhismus. Überall die gleiche gezielte Zerstörung des Menschen. Etwas lernen? Wozu? Für irgendeinen höheren Sinn? Niemals.

Ich bin einer, nur gerade einer aus diesem riesigen Menschenhaufen, der seiner Identität beraubt wurde. Schau die sogenannten Normalen an, die um Geld arbeiten müssen, die so glücklich wirken auf den ersten Blick und nicht diese Kopfprobleme haben wie ich. Schau nochmals hin, genauer, schau dir ihre irrsinnigen Ziele an, für die sie ihre besten Kräfte hingeben. Verzweiflung ist es. Verzweiflung. Ein Trick des Kopfes. Einbildungen, um ein paar Jahre rumzukriegen, ein paar Jahrzehnte, schlimmstenfalls um ein ganzes Leben mit Sinn auszustopfen. Auch sie also, ihrer Identität beraubt, um das Leben betrogen. In ihrem Innersten wissen sie es. Einige treff ich regelmäßig zum Opiumrauchen, andere rauchen Ganja, trinken Alkohol, alle wollen wir wenigstens für einen Moment den täglichen Wahnsinn abschütteln, vergessen, aber wer kann das schon. Du verstehst.

Vielleicht eine Frau, Kinder, das wäre noch etwas natürliches, das bringt einen auf andere Gedanken. Aber das ist auch kompliziert, die Frau müßte stark sein, wirklich stark. Die meisten wollens nur bequem.

Arbeit, Familie, Alter, ewiges Leben, Wiedergeburt, Meditation, höheres Streben, am Ende wissen alle genauso viel und genauso wenig. Ob Bettler, Millionär, Philosoph, Rikschafahrer, Kaufmann, alle wissen eines im Leben: Züge kommen an und fahren ab. Nach dem Tod nicht mehr.

Der Dritte im Bunde, der Österreicher.

Alexander Heidegger, 55: Seit zehn Jahren komme ich nach Varanasi. Warum weiß ich auch nicht. Gewohnheit. Eigentlich langweilt mich alles. Dreh halt alle paar Jahre meine Runden.

Aber im Grunde langweilt mich das Leben. Hab die Leere erreicht. Ist doch alles leer und hohl.

Reisen? Langweilig. Wohin? Tibet? China? Was soll ich dort? Südamerika? Gewesen. Afrika? Kenn ich. Vor 15 oder 20 Jahren war ich noch neugierig Reisender. Jetzt bin ich gelangweilt Reisender. Vor lauter Langeweile gab ich sogar einen Hindikurs belegt.

Was soll ich machen. Sag mir was. Hobby? Sammeln? Es gibt kaum etwas, was ich nicht gesammelt habe. Briefmarken, Münzen, Zigarettenschachteln, Streichholzschachteln, Bidimarken. Besuch mich mal, da kannst du dir tagelang meine Sammlungen anschauen. Neinnein. Die Leere ists. Ich steh vor der Leere. Warten. Sinnloses Warten. Ich hab Familie gehabt, Frau, zwei Kinder, eins verheiratet, das andere ist ein hoffnungsloser Fall, 30 und immer noch ledig. Das einzige, was ich regelmäßig beobachte, ist das Marionettenspiel der Politiker. Sonst Leere. Leere.

Der Wunsch nach Abreise stieg in mir auf. Einmal vertrat ich mir beinahe den Fuß, ein anderes Mal, ich besuchte Abraham immer nachts und ging einmal ausnahmsweise an den Ghats entlang, hatte ich eine aufregende Begegnung mit streunenden Hunden. Die Hunde Varanasis sind berühmt und berüchtigt. Mancher Westler wurde schon gebissen und mußte die Prozedur von insgesamt 15 Anti-Tollwut-Spritzen über sich ergehen lassen. Die Hunde in Varanasi sind deshalb gefährlich, weil sie angeschwemmte, halbverweste Leichenreste fressen und sich nachts im Rudel getrauen, Menschen anzugreifen. Das kommt hie und da vor.

Wenn das Geld für die Verbrennung fehlt, werden die Leichen einfach in den Fluß geworfen. Lepratote dürfen nicht verbrannt werden, die werden mit einem Stein beschwert und in der Ganga versenkt. Irgendwann treibt es Teile der Leiche nach oben und die werden ein Fraß der Krähen, Aasgeier und Hunde.

Wie gesagt, eines Nachts wurde ich von einem solchen Rudel Hunde überfallen. Sechs Stück umkreisten mich, bellten und kamen näher. Selbstverständlich schlug mir das Herz wie wild vor Angst, Aufregung und kampfbereitschaft. Mir blieb gar nichts mehr anderes übrig. Die Taktik der Hunde war, mich verrückt zu machen, bis sich einem von ihnen die Gelegenheit bot, sich von hinten geduckt anzuschleichen und zuzuschnappen. Zu meinem Pech und zum Glück eines Hundes hatte ich an diesem Tag nur einen kurzen Stock mit mir, sonst hätte ich sein Maul nicht nur gestreift. Nun mußte ich mich schreiend auf einzelne Hunde stürzen, bis die nach und nach die Flucht ergriffen und ich auch. Wenn mir auch nichts passiert war, erregte mich der Vorfall doch, und plötzlich fiel die ganze Lockerheit in sich zusammen. Verkrampfung setzte ein. Ich entschloß mich zur nicht überstürzten Abreise.

BIHAR

Bihar ist einer der dichtbesiedelsten und ärmsten Bundesstaaten Indiens. Widerstandsaktionen der Kastenlosen gegen Großgrundbesitzer werden gerade in Bihar mit unerbittlicher Brutalität niedergeschlagen. Oftmals heuern Großgrundbesitzer bezahlte Mörderbanden an und lassen die Dörfer der Kastenlosen plündernd und mordend überfallen. Die Polizei, abhängig von der herrschenden Elite, bricht ihre Nachforschungen meist ergebnislos ab.

In diesem Zusammenhang lohnt es sich, einen Blick auf das Sozialsystem des Hinduismus zu werfen. Das überdauerte nämlich Jahrhunderte und erst in der Begegnung mit der englischen Kolonialmacht trat plötzlich Privateigentum an die Stelle von gemeinschaftlichen Besitzverhältnissen. Die Geldbeziehung trat an die Stelle von Tauschverhältnissen, die durch wechselseitige Abhängigkeiten im alten Hindusystem selbst den Ärmsten noch ein Überleben garantiert hatten. An die Stelle der dörflichen Selbstverwaltung trat in der Kolonialzeit eine zentralisierte Bürokratie und industrielle Erzeugnisse begannen, das alte Handwerk zu verdrängen. Die neuen Bedürfnisse schufen neue Märkte und neue Kasten, wie zum Beispiel die Landbesitzer. Landbesitz im heutigen Indien bedeutet Selbstversorgung mit Grundnahrungsmitteln und Verkauf von Überschüssen auf dem Markt. Landbesitz ermöglicht Viehhaltung, Milchgewinnung und Einsatz von Tieren als Arbeitskraft. Wer Land hat, kann sich einen Arzt leisten, Medikamente kaufen, die Kinder in die Schule schicken. Wer Land hat, ist kreditwürdig bei Mitmenschen und Geldinstituten. Landbesitz heißt Unabhängigkeit, Macht, Einfluß.

Es gibt in Indien die wohlhabenden Bauern, die Klein- und Kleinstbauern, die Pächter, Tagelöhner und Schuldknechte. Verschwunden ist das alte Sozialsystem des Hinduismus, geblieben aber ist der alte Glaube, daß jeder für seinen gesellschaftlichen Status selbst verantwortlich ist, durch entsprechend schlechte oder gute Taten im vorangegangenen Leben. Niedriggeborene

Kastenmenschen haben nur durch gewissenhafte Erfüllung vorgeschriebener Kastenregeln und -pflichten die Hoffnung im nächsten Leben, in einer höheren Kaste wiedergeboren zu werden.

Einerseits zählt Bihar zu den rückständigsten Gegenden Indiens, andererseits war es einst eine Blüte indischer Kultur. Buddha lebte dort, Mahavira, der Stifter der Jainsekte, der berühmte Kaiser Ashoka, der künstlerische und philosophische Schulen gründete und lange vor den dreien schrieb im Norden des heutigen Bihars, am Fuß des Himalaya, der Dichter Valmiki, das berühmte Epos »Ramayana«.

Eine halbe Stunde Busfahrt vom heiligen Varanasi entfernt, liegt Sarnath, dort hielt Buddha vor 2500 Jahren seine erste Predigt. Einige hundert Kilometer östlich von Varanasi, in Bihar, liegt eine andere heilige Stadt, Gaya. Wiederum eine halbe Stunde Busfahrt vom heiligen Gaya entfernt liegt Bodhgaya. Dort lebte Buddha lange Zeit und erlangte schließlich die Erleuchtung. Bodhgaya wurde somit zum wichtigsten Pilgerzentrum der Buddhisten.

In Indien ist die Armut nirgendwo zu übersehen, aber es gibt Gegenden, in denen die Armut offenes Dahinvegetieren ist. Das war mein Eindruck beim Verlassen des Bahnhofes in Gaya. Die Rikschafahrer, schlecht ernährt und ärmlich gekleidet, fuhren klapprige Rikschas, die meist gegen eine Tagesmiete ausgeliehen sind und die muß auch erst mal verdient sein, bevor der echte Überlebensverdienst – oft haben die Fahrer eine große Familie zu ernähren – überhaupt beginnt. Westliche Fahrgäste gelten als Glücksfall, da sie einige Rupien mehr bezahlen. Aber die Zuteilung solcher Kundschaft wird von einer Art Rikschamafia geregelt, an die auch ein Anteil zu zahlen ist. Die Rikschafahrer haben ihre zugewiesenen Plätze; auch das, wie in Politik, Wirtschaft und anderen Bereichen, richtet sich nach freundschaftlichen oder verwandschaftlichen Beziehungen, Zahlungen an Leute in Entscheidungspositionen, kurz: Korruption. Trotz Gewöhnung – sonst hält man es in diesem Land nicht lange aus – geht einem die Armut immer wieder unter die Haut. An diesem Tag, in diesem Teil Indiens erging es mir jedenfalls so. Kleine nackte Kinder mit Wasserbäuchen spielten im Dreck, die

Erwachsenen, mit ausgemergelten Körpern, standen daneben und schauten uns ausdruckslos an. Dahinter die vom Monsunregen abgewaschenen Hausfassaden. Je näher wir an den Ortsausgang kamen, um so verfallener wurden die Bauten, schließlich waren es nur noch Behausungen aus Stoffetzen, Plastik und Blech. Es brauchte nicht einmal das Wissen um die Gewalttätigkeiten in Bihar, mit offenen Augen konnte man die Strukturen erkennen, die mit Gewalt aufrecht erhalten werden. Ich überspielte meine Betroffenheit, indem ich mich mehr oder weniger intensiv mit einem Engländer unterhielt. Er war jung, glatt rasiert, sauber angezogen, bewegte sich etwas steif, und schien von all der Armut unbeeindruckt. Zumindest ließ er sich nichts anmerken, ich übrigens auch nicht, ihm gegenüber jedenfalls nicht. In dieser Situation erzählte er mir emotionslos folgende traurige Geschichte.

Mike Reeve, 22: Mein Vater war vor langer Zeit Mitglied der Yogananda-Society. So bekam ich als Kind die ganze Indiengeheimniskrämerei irgendwie mit. Leider hat es mein Vater nie nach Indien geschafft, er hat diesen Wunsch der Indienreise auf mich übertragen, und ich erfülle ihn. In einem Monat werde ich zurück sein und ihm erzählen. Mein Vater ist schwer krank, er hat MS, weit vorgeschritten, er kann nur noch den Kopf kontrolliert bewegen.

Gleich am Ortsbeginn Bodhgayas von Gaya kommend, ist auf der rechten Seite das »Burmese Vihar«, ein burmesisches Kloster. Den Tip, dort zu übernachten, hatte ich von einem westlichen Zugreisenden erhalten. Mein englischer Freund wollte sich erst in der Ortsmitte umschauen, bevor er entschied, ob er überhaupt hier übernachten würde. Ich fragte im Kloster nach, ob noch eine Zelle frei sei. Ich hatte Glück. Kammer Nummer zwölf. Ein hölzernes Bettgestell, das war alles. Schon beim Betreten des Klostergeländes war mir eine rege Betriebsamkeit aufgefallen. Meinem Zimmer gegenüber befand sich ein einstöckiges Gebäude mit Dachterrasse. Junge westliche Menschen, einige Erwachsene, alle aus den USA, bewohnten das Gebäude. Im Laufe des Tages kam ich mit den jungen Nordamerikanerinnen ins Gespräch.

Jane Spearfish, 21: Wir sind eine Gruppe von 25 Studenten und Studentinnen aus verschiedenen Colleges in USA und absolvieren hier einen dreimonatigen Studienaufenthalt. Wir betreiben anthropologische Studien an buddhistischer Kultur. So haben wir zum Beispiel drei verschiedene Meditationstechniken gelernt: Vipassana, Zen und tibetanische Meditation. Außerdem haben wir Unterrichtsangebote in tibetischer Sprache, Hindi und Sanskrit. Ich belege Hindi. Wir hören Vorträge über die verschiedenen philosophischen Richtungen des Buddhismus und dazwischen werden verschiedene Gruppen an unterschiedlichen Orten mit buddhistischer Kultur, kleine Forschungsarbeiten anfertigen. Ich fahre zum Beispiel nach Sanchi und studiere die Architektur des Tempels, andere fahren nach Dharamsala, um dort Meditation oder Philosophie zu vertiefen, wieder andere sind zum Vipassana-Meister Goenka nach Nasik unterwegs.

Und Indien? Am Anfang hat mir Indien gar nicht gefallen. Ich kam mit Vorstellungen von Weisheit, Ruhe, Meditation, Ruinen und verlassenen Tempeln hier an. Zu romantisch, zu süß. Die Wirklichkeit war erst mal schockierend. Aber nun gefällt es mir ganz gut. Indien verlangt einem viel ab. Es ist ein anstrengendes Land, aber ich hab viel dabei gelernt. Nach den Studienprüfungen besuch ich noch ein paar Orte in Indien: Bombay, Srinagar, Ajanta, Delhi, dann gehts über London zurück in die Staaten.

Sylvie, 32: Jedes Jahr komme ich nach Indien. Hier lebt seine Heiligkeit der Dalai Lama, hier bin auch ich zu Hause. In Frankreich, der BRD und in der Schweiz gibt es zwar auch tibetische Klöster, aber Indien ist trotz Fortschritt und Neuerung viel viel spiritueller als der Westen. Im Westen wird das Leben immer schneller und verrückter, die meisten wissen gar nicht mehr, was sie tun.

Nonne wurde ich vor acht Jahren. Das erste Mal nach Indien kam ich 74, damals über Land. Ich weiß noch genau, Lahore, rüber nach Amritsar, die Stadt des goldenen Tempels der Sikhs, dort spazierte ich durch den Basar, und es war so heiß, so unwahrscheinlich heiß. Ja, dort in Amritsar, in diesem Basar traf ich dann Leute, die mir von kühlen Bergen erzählten und dabei fiel der Name Dharamsala, der Name des Sitzes seiner Heiligkeit.

Ich fuhr dorthin und hab sofort gefunden, was mich seither erfüllt. Ich brauchte nicht mehr weiterzureisen.

In Dharamsala, dem Sitz des geistigen Oberhaupts der Tibeter, sollte ich Sylvie ein paar Monate später wieder treffen. Dort sollte sie dann nicht mehr so redselig sein wie in Bodhgaya, was wohl mit unserem unterschiedlichen Geschlecht zu tun hatte. Schon in Bodhgaya sprachen wir nur innerhalb des Klosters miteinander, außerhalb, beim Weg in die Ortschaft oder zum Buddhatempel legte sie Wert darauf, ohne männliche Begleitung zu gehen. Sylvie trug Nonnenkleidung und neben einem weltlichen Mann wird das nicht nur in der indischen Gesellschaft falsch ausgelegt. Auf jeden Fall kann es Respektverlust bedeuten.

Ermuntert durch die vertrauten Gespräche mit Sylvie gesellte sich ein Mönch zu uns.

Tibetisch-buddhistischer Mönch: Ich bin auf den Spuren Buddhas. Mich beeindruckt, wenn er die Menschen auffordert, weniger Zeit zu verschwenden mit Philosophie, Metaphysik, Ritual, sondern Religion, die Kraft des Geistes zu einer lebendigen Kraft im Dasein, im Alltag zu machen. Es ist besser, auf Gottes Weg zu wandeln, als ihn zu lobpreisen oder über ihn zu reden.

Da wurde Buddha mal gefragt: Ehrwürdiger, gibt es einen Gott? Buddha: Habe ich gesagt, es gibt einen Gott? Frager: Also gibt es keinen Gott, Ehrwürdiger? Buddha: Habe ich gesagt, daß es keinen Gott gibt?

Ist doch schön? Buddha wollte keine Spekulationen, er wollte die Menschen zum Handeln veranlassen, zum Handeln im göttlichen Sinne. Noch ein kleines Beispiel. Soll auch von Buddha sein: Wenn dein Haus brennt: Wirst du erst die Entstehung des Feuers feststellen, oder wirst du es löschen?

In den letzten Jahren ist es unter Westlern in Indien Mode geworden, ein Motorrad, die berühmte Enfieldmaschine, zu kaufen, damit das Land zu bereisen, und am Ende des Trips das Fahrzeug wieder zu verkaufen. Zwei solche Indien-Entdecker waren auch im »Burmese Vihar«.

Marylin Wheeler, 27, Australien: Wir haben uns in Madras ein Enfieldmotorrad gekauft und damit durchfahren wir das Land. So Indien erleben, das ist toll, etwas ganz anderes als mit öffentlichen Verkehrsmitteln. Das ist einfach herrlich. Wir sind durch phantastische Landschaften gefahren, wir haben in Dörfern übernachtet, die Leute dort haben noch nie oder nur ganz selten Weiße gesehen. Die Menschen auf dem Land sind so unglaublich freundlich. Da zeigen sie einem stolz sämtliche Tiere, die sie besitzen, treiben Kühe, Büffel, Esel, Ziegen und Hühner zusammen, und dann soll man Fotos machen. Solche Menschen machen die Landschaft gleich noch schöner, als sie schon ist. Auf dem Motorrad sieht man die Natur nicht nur, man schmeckt sie, atmet sie, das bringt Glücksgefühle, da schreit man vor Freunde auf. Im nächsten Moment rattert man vielleicht in ein Schlagloch und flucht wieder. So ist das nun mal. Ich finds ganz toll.

Bob Wheeler, 30: Ich liebe das Land so sehr, daß ich manchmal keine Worte dafür finde. Da steh ich in dieser herrlichen Landschaft, in dieser wunderbaren Atmosphäre und ich kann die Tränen nicht zurückhalten.

In der Zelle Nummer neun hatte sich ein Mann einquartiert, der in diese Klosteranlage schon äußerlich nicht hineinpaßte, zumindest auffiel. Zoran pflegte sein Äußeres in einem Maße, wie das im »Burmese Vihar« sonst niemand tat, ausgenommen einige von den US-Girls, die sich mit indischen Leichtmetall behängten und indische Stoffe um ihren Körper wickelten. Ob das eine zum anderen paßte, schien ihnen unwichtig zu sein. Zoran dagegen war von oben bis unten europäisch eingekleidet, da hing kein loser Stoffetzen an ihm, täglich sauber rasiert, kurze schwarze Haare. Man konnte glauben, er sei soeben angekommen, dabei war er schon drei Monate in Indien unterwegs. Äußerlich hielt er sich Indien fern, innerlich war er aber asien- bzw. indiendurchlässiger, und zwar in einer nicht alltäglichen Weise.

Zoran Vitorovic, 37, Jugoslawien: Mich interessieren spirituelle Erfahrungen über Halluzinogene. Buddha, Mahavira, Jesus, Krischna, Mohammed und all die großen Seher und Erleuchteten haben doch auch Halluzinogene genommen. Ich habe alles probiert, was mir bekannt ist. Ich bin nicht süchtig, ich bin alt genug, um vernünftig mit den Drogen umzugehen, und ich setze sie auch nur zur spirituellen Erweiterung ein. Zwischen mystischer Ekstase und Rauschzustand durch Narkotika sehe ich keinen Unterschied. Weißt du, Narkotika bewußt und gezielt eingesetzt bringt einen auch dahin, wo andere Jahre im Lotus sitzen oder Yoga machen. Fasten, Atemtechniken, Gebetsformeln aufsagen ist doch genauso künstlich oder nicht künstlich wie gewisse Drogen, das heißt Naturextrakte. Ich hab auch schon mal 53 Tage gefastet. Das war ein großes Erlebnis. Unbeschreiblich. Die ersten drei Tage waren hart. Am 20. Tag hab ich Fußball gespielt, dann wurde ich immer mehr Kind und es tauchten auch jede Menge Kindheitserinnerungen auf. Dann begann ich das Licht zusehen, das Licht, von dem alle Großen berichten, wenn sie eine bestimmte Zeit gefastet haben. Da hab ich sofort aufgehört. Vielleicht faste ich das nächste Mal bis zum Ende.

Als nächstes möcht ich in den Süden fahren, an der Südspitze Indiens soll ein Ashram von Vivekananda sein. Vivekananda interessiert mich. Ein jugoslawischer Zauberer und Schamane war nämlich sein Schüler: Nikola Tesla. Du kennst ihn nicht? Ein Genie. Er hat in den 20er Jahren den Wechselstrom erfunden. Während er Goethes Faust las, hat sich ihm der Drei-Phasen-Generator visualisiert. Solche Sachen. Mit Wechselstrom braucht man bloß einen großen Transformator und kann die Energie über Tausende von Kilometern transportieren. Aber die Welt (besonders die USA) hat damals das Edisonsystem eingeführt, womit sie alle 150 Meter einen Transformator aufstellen mußten. Edison war konservativ, und das hat der Wirtschaft gefallen, vielleicht auch, weil Edison Amerikaner war oder einfach, weil er die besseren Beziehungen zur Wirtschaft gehabt hat. Tesla zum Beispiel war überhaupt nicht an Geld interessiert, er hat sich mit dieser Sache auch nicht aufgehalten. Er hat vieles probiert, und sein Laboratorium ist ihm ein paar Mal ausgebrannt. Teslas großer Traum war Energietransport ohne Kabel. Er hat damals schon Fernsteuerungssysteme ausprobiert. Dann hat er auch an einer Vibrationsmaschine gearbeitet, vieles mehr. Darüber gibt es auch Dokumentarfilme. Tesla hat in Wien studiert, in Berlin gearbeitet, zum Schluß hatte er ein Laboratorium in den USA. Die Filmaufnahmen werden von der 20th Century Fox verwaltet, die rücken noch nichts raus. Langsam wird Tesla bekannter. Es sind auch Biografien geschrieben worden, es gibt ein Museum, ein Film wurde über ihn gedreht. Dieser Tesla war vielleicht ein Erzengel, vielleicht hat er an zuviel Teuflischen gearbeitet. Ich weiß auch nicht.

LAND

Von Varanasi Richtung Bombay.

An jeder Bahnhofstation der gleiche Ablauf. Händler rennen von Fenster zu Fenster oder stürmen in die Zugabteile und bieten an: Tschaitschaitschai, Samosas, Linsencurry, Puris, Pakoras, Wasser, Walnüsse, Zigaretten. Halbnackte Kinder und dürre alte Menschen betteln. Die Glocke ertönt, die Menschen auf dem Bahnsteig rennen hin und her, schlucken den heißen Tee hinunter, bezahlen im Laufschritt, denn geräuschlos und langsam hat sich der Zug in Bewegung gesetzt.

Gelb blendende Ebenen.

Im Jahre 1987 hatte Indien über 800 Millionen Einwohner. Jedes Jahr kommen rund 17 Millionen hinzu. 4/5 der Bevölkerung lebten auf dem Land. Trotz erhöhter Lebensmittelproduktion – Anfang 1987 hatte Indien 28 Millionen Tonnen Getreide auf Lager – sterben inoffiziell jedes Jahr eine halbe Million Menschen an Unterernährung. 40 Prozent der Dorfkinder sind nach Gewicht und Größe nicht normal entwickelt. Mit diesen Zahlen konfrontierte mich eine Frau, deren Zug nach Delhi Verspätung hatte, als auch mein Zug Richtung Bombay auf sich warten ließ. So unterhielten wir uns, mein Zug rollte ein. Ohne zuzusteigen, ließ ich ihn auch wieder hinausrollen und lauschte den Worten meiner Gesprächspartnerin, bis ihr Zug mit ihr davonrollte.

Helen O'Murchadha, 28, Irland: Über ein Jahr hab ich im Süden an einem Frauenprojekt gearbeitet, das von Misereor unterstützt wird. Über ein Jahr auf dem Land. Da hab ich die eigentlichen Probleme hautnah mitbekommen. Indien, ein Teil vom wahren Indien, vom Indien, das die Touristen nur streifen. In Indien ist die härteste aller Strafen, arm zu sein und eine Frau. Das Idealbild der indischen Frau ist eben ein Leben für Haus und Familie. Dann die Kastenzugehörigkeit. Gehören die Frauen den oberen

Kasten an, werden sie keine manuelle Arbeit verrichten, jede Schmutzberührung vermeiden, ebenso Kontakte zu Kastenniedrigen. Es ist streng verboten, daß Mitglieder unterschiedlicher Kasten heiraten, andererseits werden die Frauen der untersten Kaste, die Harijanfrauen von Männern oberer Klassen sexuell mißbraucht. Eine Frau in Indien ist ein Mensch zweiter Klasse. Die kastenlosen, in Saris gekleideten Frauen, die barfüßig die Massen von Steinen und Baumaterial in die Rohbauten schleppen, sind die alten und neuen Sklaven Indiens. Neugeborene Mädchen werden oft getötet. Eine Tochter ist heute noch eine materielle Bürde und sollte auch so schnell wie möglich verheiratet werden. Die Ehe wird arrangiert, das orientiert sich nach den Mitgiftforderungen des Bräutigams. Ist das Mädchen dann verheiratet, drücken noch ausstehende Mitgiftforderungen die Stimmung, die Verheiratete wohnt bei der Schwiegermutter, und wehe, sie kommt mit der nicht gut aus. Die Beziehung Mann-Frau hat längst nicht die Bedeutung wie Mutter-Sohn. Frauen können auch verstoßen werden, wenn sie keine Söhne gebären. Im Ehealltag arbeiten sie von früh bis nachts: Essenszubereitung, Wasserholen, Kindererziehung, Holzsammeln, Einkaufen. Und reicht der Lohn des Mannes nicht, müssen sie noch als Tagelöhnerin arbeiten. Schläge für Frauen sind gerade auf dem Dorf häufiger als man glaubt.

Wir haben nun versucht, ein Frauenzentrum oder einen Frauentreffpunkt zu eröffnen. Anfangs mußten wir erst mal das Vertrauen der Frauen gewinnen. Viele konnten uns nicht regelmäßig besuchen, um über Hygiene aufgeklärt zu werden, über die Wichtigkeit guter Ernährung. Und vor allem sollten sich die Frauen untereinander kennenlernen. Anfangs lief das auch zäh an, die Frauen wurden oft von den Männern gehindert, zu uns zu kommen. Sie setzten sich aber im Lauf der Zeit durch und entwickelten nun nach über einem Jahr so viel Enthusiasmus und Eigeninitiative, daß meine Stelle von einer Inderin eingenommen werden konnte und langfristig geplant ist, das Projekt auf eigene, selbstständige Füße zu stellen. Bis es soweit ist, wird es von Misereor finanziell unterstützt.

Ich setzte meinen Weg Richtung Bombay mit mehreren Lokalzügen fort. Für einige hundert Kilometer war ich tagelang unterwegs. Ich saß meistens als einziger Westler in einem Zugabteil und ließ mich von einer unbegreiflichen Sehnsucht mitnehmen. Eine sanfte, friedliche, schmerzhafte Sehnsucht. Sogar die Inder schwiegen, wenn die Sonne ihr letztes Licht auf die Erde warf. Das sind Stimmungen, die nur mit Musik, mit einer Sitar z.B. ausgedrückt werden können. Zarte gehauchte Töne.

Irgendwie gelangte ich dann doch wieder an die Hauptlinie nach Bombay, ergatterte sogar eine Liege in der zweiten Klasse. Die Westler waren auch wieder da. Im Nachbarabteil stieß ich auf zwei Männer. Der erste, den ich ansprach, stellte sich gar als ein Landsmann von mir heraus.

Franz Angerpointer, BRD: Mir gfallt Indien. Fertig. Im Gegensatz zu dem Autor vo dem Buch, des i grad les. Des is a richtigs depperts, blöds Buch. Gschriebn von an angehenden Doktor, glaub sogar noch Indolog. Aber so bleed, also na, Deitscher. Der hat ja glei gar koo Ahnung. Nix woass der, gar nix. Is mit seiner westlichen Brillen rübergfahrn, hat alles bestätigt gsehn was sowieso scho in no viel deppertere blöde Bücher über Indien gschriebn steht und hat an Scheiß zsammgschmiert, das die größte Sau davor graust.

Des Kastensystem z.B. Des hats bei uns a. Was ner allaweil mit'n Kastensystem habn. Wenn die depperten Westler sich amal wirklich mit dem Thema beschäftigt hättn, n hättns mitkriegt, daß die Gesellschaftsordnung auf zwei Grundbegriffen beruht: 1. natürliche Herkunft und Veranlagung des Menschen. 2. Erziehung, Ausbildung, Lebensweg. Die vier Hauptgruppen vo de indischen Kasten: die geistige Elite, dann die Krieger, die Händler und die Arbeiter. Also a klare Aufgabenverteilung wie bei uns a. Da hats doch a die Oben, die a weng Dazwischen und die Unten. Wichtig ist, wir sind materiell orientiert, die do spirituell. Bei unsern Kastensystem gehts in erster Linie ums wirtschaftliche Wohlergehen, wie ma so sagt, bei de Inder is as Dharma wichtiger, bei ihne gehts ums religiöse Wohlergehen.

Wenn des woasst, na schaut des scho amal a bisserl anders aus, oder? Im alten indischen Kastensystem bist net durch die Geburt in die Kasten eini komma, sondern durch Veranlagung, Verdienst und so weiter. Heit is des alles verkommen, leider. Das heitige

Kastensystem is im Großen und Ganzen a Perversion. Wenn i Perversion sag zum Kastensystem, dann muß se mei Gegenüber erst amal die Vorgschicht dazu anhören, so wie du.

Und sonst? Wos kannste no erzähln? Also i war zuerst a Griechenland-Fan, aber scho glei total, Griechenland des is, nix anders, so ungefähr. Na hat mei Freindin amal gsagt, ach du allaweil mit dein Griechenland, fahr doch amal nach Indien. Des Indien is mir nimmer ausn Kopf, bin hintegflogn nach Bombay, hab me in Zug gsetzt und bin drei Monat des ganze Land abgfahrn. Gsehng habe nix, aber die Inder im Zug kennenglernt. Omeiomei. Die Gespräch. Einmal z.B. habe grad a Banane gessn, fangt mei Gegenüber a, ob wir indische Bananen in Deitschland essn. Na, habe gsagt, Südamerikanische und Afrikanische. Na hatta weitrdrängt, aber warum keine indischen, Indien is doch viel näher als Südamerika. Recht hatta, haba ma denkt. Warum wir etzt keine indischen Bananen habn, des konnte einfach net beantworten. Dann hatta a no gsagt, die indischen Bananen san die Besten auf der Welt, süass und schö kloa. So why dont you eat indian bananas in Germany? So is weiterganga. Na hamma übers Kühlverfahren gredt, i hab ihm na no gsagt, wie die importierten Bananen aufn Schiff gespritzt werdn, damits schö gelb ausschaun in Deitschland. Da war der Inder ganz entsetzt. You eat that? hatta ausgrufen. Na wieder: you see, indian bananas are the best, why dont you eat indian bananas? So is des fast zwei Stunden hi und herganga. Zum Abschluß hatta mir a indische Banane in die Händ druckt. Eat it.

Nach de drei Monat bin i in Frankfurt wieder ankommen, hab me dort in Zug gsetzt und bin nach Bayern gfahrn. Im Zug habe mir die Leit so angschaut, wies alle so steif daghockt san, kein Wort gredt, keine Belästigungen, nix, da habe mit denkt: die Inder san scho blöd, aber die da, die san ja glei no blöder. Lieber die depperten Inder als das steife, kalte Volk da.

Des is alles scho acht Jahr her. Etzt bin i wieder da, weils mir einfach gfallt.

Ganz anders tönt folgender Landsmann.

Gottfried Henseleit, BRD: Wollte mal was andres kennenlernen. Da stieß ich ausgerechnet auf Indien. Die Inder sind doch'n unmögliches Volk. Einfach unmöglich. Ich kann sie nicht ausstehen. Feig sind die Inder, feig, sobald sie einem eins auswischen können, tun sie's, und wie, so richtig gemein, und maßlos. Nein nein, ich möchte gar nicht erzählen, was ich erlebt und gesehen hab. Einmal Indien, nie wieder.

Man liebt oder haßt Indien, einen Mittelweg scheint es für viele Besucher nicht zu geben. Herr Henseleit, um die 30, ist ein Vertreter des geradlinigen Westens, dem jedes Abweichen von der Geraden ein Greuel ist. Damit wird jede Reise in Asien, in diesem Fall Indien, zur Hölle. Herr Henseleit haßt die Inder, ohne zu wissen warum. Weil sie anders sind? Weil seine angelernten Verhaltensweisen nicht mehr funktionieren? Für all das war Herr Henseleit nicht ansprechbar, er war so überfordert von Indien, daß er mich gereizt aufforderte zu schweigen. Gottfried Henseleit war das erste Mal in Indien, in Asien überhaupt. Zwei Monate waren geplant gewesen, in Bombay wollte er versuchen, einen Monat früher abzureisen. Beruf unbekannt.

An einer kleinen Station, wo man es nie und nimmer erwartet hätte, stieg eine westliche Frau zu, sie sah aus wie eine Tramperin.

Ann Liebau, 25, Kanada: Meine Reise begann mit einem Trip nach Europa. Dort besuchte ich die BRD, Italien, Spanien, Österreich, Schweiz, blieb in Frankreich für zwei Jahre hängen und lernte bei einer Frau Akupunktur.

Zurück in Kanada machte ich Geld in verschiedenen Jobs. Meine Schwester arbeitete inzwischen in Hongkong. Dorthin flog ich ihr nach. Hongkong, meine erste Asienstation. Durch meine Schwester lernte ich mich schnell zu akklimatisieren. Wir wohnten auch zusammen, und sie fand sogar einen Service-Job für mich in einem Restaurant. Der Lohn war niedrig, ich konnte gerade meine Ausgaben damit decken. Das war auch gut so.

Nach ein paar Monaten flog ich nach Japan, inzwischen erfahrener – ich hatte auch Informationen gesammelt –, fand ich relativ schnell eine Wohnung und eine Arbeit. Englischunterricht. Ein Jahr lang. Immer wieder in diesem einen Jahr traf ich Leute, die von Indien kamen, dorthin gingen, manche zum xten Mal.

Über Hongkong, für das ich inzwischen heimatliche Gefühle entwickelt habe, flog ich nach Thailand und via Burma nach Bombay. Eine Hafenstadt wie Hongkong. Mir gefiels vom ersten Augenblick an. Fuhr dann weiter nach Maheshwar, das war so ein Traveller-tip. Es war schön und ruhig dort. Ich freundete mich mit einheimischen Frauen an, die mich bald in einen Sari kleideten. Das machte uns allen großen Spaß. Ein schönes Erlebnis.

Dann fuhr ich weiter nach Aurangabad. In Ajanta bin ich in einen falschen Bus gestiegen, es war nachts, in einem kleinen Dorf, als ich das bemerkte. Sofort war ich umringt von einer neugierigen und besorgten Gemeinde. Man beriet, was zu tun sei, dazwischen bekam ich Tee und Essen gereicht, schließlich fuhr man mich ins Nachbardorf, wo ich eine Unterkunft fand und am nächsten Tag einen Bus nach Ajanta. Die Leute im ersten Dorf waren alle so lieb und hilfsbereit. Ich reise allein, als Frau in Indien. Darüber habe ich die unterschiedlichsten Meinungen gehört. Ich hatte bisher überhaupt keine Probleme, im Gegenteil, ich finde es überraschend leicht, und mir gefällt Indien, obwohl ich erst zwei Wochen hier bin.

Ein Schweizer, der zufällig durch den Waggon spazierte, blieb stehen, ich bat ihn, sich zu setzen und schon stellte ich meine Frage.

Urs Winz, 27: Im Winter in der Schweiz bleiben? Mir dort einen abfrieren? Seit drei Jahren kann ich das verhindern. Wozu noch im Winter krampfen. Ein halbes Jahr Arbeit im Gastgewerbe reicht mir, das andere halbe Jahr verbringe ich am Meer. Keine lumpigen vier Wochen Urlaub im Jahr und sonst täglich neun Stunden Arbeit. Ohne mich. Krampfe doch, wer krampfen mag. Ich bin aufs Reisen gekommen, vor genau vier Jahren. Hab den Winter in Italien und Spanien verbracht. Das hat mir gefallen. Nur mit dem Geld wurds zum Schluß knapp. Da bin ich drauf gekommen, den nächsten Winter in einem billigeren Land zu verbringen. Indien. Billig und angenehm.

Diesmal bin ich auch wieder über Land gekommen. Den Flug sparen, odr? Den größten Teil der Strecke hab ich mit dem Bus zurückgelegt, ab Istanbul. Schon mit Zwischenstationen in Teheran, Zahedan, Quetta, Lahore. In 15 Tagen hab ich das von Zürich bis Delhi gemacht. Hab doch Zeit, odr? 350 Franken alles zusammen. Ich könnts billiger machen, was solls. Für das halbe Jahr mit hin und zurück brauch ich 2000 Franken. Aber da ist alles drin. Selbstverständlich leb ich billig, nicht armselig, billig. In Indien könnte man auch 20.000 oder 200.000 Franken in diesem Zeitraum ausgeben. Nur hab ich die nicht und will sie mir auch nicht erkrampfen. Zweitausend krieg ich schnell mal zusammen und kann damit leben, wies mir gefällt. Mehr will ich nicht.

Mit dem letzten Satz ist alles gesagt. Billig und angenehm leben. Mehr will er nicht. Eine andere Form von Kolonialismus, von Ausbeutung auf Grund bestehender Wirtschaftsverhältnisse, die eindeutig uns im Westen bevorteilen. Urs Winz reist nicht nur billig und angenehm, auch oberflächlich und langweilig. Aber das ist nur meine Meinung. Urs Winz ist einer, der den materiellen Verführungen offensichtlich nicht unterliegt. Für unsere Konsumgesellschaft ist er damit unbrauchbar.

Reiseerzählungen hören sich meist ungeheuer abenteuerlich an, weil sie die alltägliche Langeweile verschweigen. Eine gestands ein.

Judy: Das mit dem Reisen ist schon eine seltsame Sache. Es entwickelt sich ganz anders, als man es sich zu Hause ausmalt. Also ich z.B. verbringe viel Zeit auf Bahn- und Busbahnhöfen, in Büros dies und das zu organisieren, dann muß ich mit Rikscha- und Taxifahrern den Preis aushandeln, auf hundert zugerufene Hallos reagieren oder nicht, mehrere Hotels prüfen, ehe ich ein passendes gefunden habe, dann am Postschalter in der Schlange stehen, ich muß auf meine Tasche aufpassen und auf mich selbst, auf den Verkehr bei einer Straßenüberquerung, und irgendwann dazwischen schaue ich mir ein Fort an, besuche ein Museum, wenn ich nicht gerade Durchfall oder Fieber habe. Diese offiziellen Sehenswürdigkeiten verlieren immer mehr an Bedeutung.

BOMBAY

Bombay 1987: Zehn Millionen Einwohner – und täglich kommen Hunderte dazu. Bombay ist Indiens bedeutendstes Handels-, Wirtschafts- und Industriezentrum. Bombay hat den größten Slum Asiens. In Bombay wird fast die Hälfte des gesamten indischen Seehandels mit dem Ausland abgewickelt. Durch die vorwiegend männliche Landflucht gibt es ein Drittel mehr Männer als Frauen in Bombay und hunderttausend Prostituierte. Bombay hat das größte Atomforschungszentrum Indiens. 25 Prozent der indischen Industrie ist in Bombay angesiedelt: Textil, Chemie, Erdölgewinnung, Maschinenbau usw. 50 Prozent der Bevölkerung leben in Slums. Oft fehlen sanitäre Anlagen, und Wasser gibt es ein paar Stunden am Tag. Jährlich fließen an die 600 Millionen Dollar Schwarzgelder von hier aus ins Ausland. Bombay hat Wolkenkratzer. Und eine halbe Million Menschen ohne feste Unterkunft lebt auf der Straße. Bombay hat dichtesten Verkehr. 450.000 Fahrzeuge. Außerdem täglich: Industrieabfälle und Hausabwässer. Bombay hat die modernsten privaten Krankenhäuser des Landes. Es gibt Großkinos, Golf- und Pferdeclubs, Luxushotels, Kriminalität, Religionen, Kasten...

Wie alle großen Städte Indiens hat auch Bombay in den letzten 15 Jahren alle Maße einer überschaubaren Stadt gesprengt. Noch vor zehn Jahren konnte ich die Stadt genießen, heute, ich bin auch zehn Jahre älter geworden, ist sie mir nach drei Tagen unerträglich. Das Gewühl und Gewoge dieser Stadt ist unbeschreiblich. Delhi ist im Vergleich zu Bombay eine ländliche Großstadt, Bombay ist supermodern, altmodisch, verslumt, rasend. Was ist die Zukunft einer derartig explodierenden Stadt?

Wie die meisten anderen Westler habe ich auch in einem der schmuddeligen und für indische Verhältnisse relativ teuren Hotels in der Nähe des Gateway of India gelebt. Das Gateway ist eine Art englischer Triumphbogen mit vier gotischen Toren, direkt am Meeresufer gelegen. Fünfzig Meter landeinwärts das luxuriöse Hotel »Taj Mahal« und in den Straßen dahinter die Billigquartiere. Vom und zum Gateway führen Uferpromenaden. Indische und westliche Touristen, Bettler, Händler, Kinder, sanft lächelnde Gesichter, farbige Saris und im Wind flatternde Hemden und Hosen. Der undefinierbare indische Geruch ist verdrängt vom klaren Meeresgeruch. Neben möglichen Geschäften war es sicherlich auch dieser Geruch, der Jacques für ein paar Tage von seinem Wohnort irgendwo in den Bergen der Western Ghats nach Bombay kommen ließ.

Jaques, 45: Ich wurde in Le Havre geboren. Christlich erzogen. Hatte so Ideen vom Guten in der Welt. Das klappte aber überhaupt nicht. Ich rächte mich und rannte von zu Hause fort. Paris. Dort lebte ich viele Jahre und unersättlich war meine Rache: Diebstähle, Raubüberfälle. Mich zogs wieder ans Meer. Diesmal sogar aufs Meer. Ich wurde Seemann. Sieben Jahre lang. Dabei kam ich auch mal nach Sri Lanka, Indien, Bombay. Von dort machte ich Kurzausflüge nach Goa und Kathmandu. Wieder in Marseille verließ ich das Schiff und kehrte nie mehr zurück. Ich hatte genug von diesem Leben. Versuchte mich erst mal im Nachtleben von Marseille. Kam aber nicht richtig rein. Einen Nachtklub mußte ich bald schließen. Ging nach Lyon, dort war die Untergrundmafia noch brutaler, also weiter nach Paris. Im Zuge der Hippiebewegung machte ich eine Teestube auf: »Kathmandu«, die überlebte auch nicht lange. In Frankreich lief das einfach nicht, eine Couscous-Kneipe wäre gelaufen. Ich war völlig pleite. Wieder auf Raub gehen? Versuchte es, stellte mich an wie der letzte Trottel. Irgendwie konnte ich nicht mehr mithalten. Jobbte, wollte schon wieder zurück zur See, als ich meine Eltern in Le Havre besuchte. Aber ich sagte mir dann doch: Quatsch, das ist vorbei. Keine Zeit mehr verlieren. Auf nach Indien.

Ich arbeitete weiter, sparte und reiste über Land nach Indien. Das war 1975. Seit dieser Zeit lebe ich an dieser Ecke. Bin schon mal rüber nach Südostasien, ein paar Hafenstädte abklappern, aber es zog mich jedesmal um so stärker nach Indien. Ich sagte mir, die Welt, die dir böse erscheint, änderst du nicht, ändere dich selbst. Ich begann Yoga zu machen, ich meditierte. Kam dann an den Punkt, wo ich die Führung einer Meisterhand brauchte. Ich fand den Meister. Mehr kann ich dazu nicht sagen, sowas muß man erleben.

Ich lebe vom Antiquitätenversand, arbeite auch mit Einheimischen zusammen. Ich lebe bescheiden, da braucht man nicht viel Geld in Indien.

Zurück nach Europa? Was soll ich dort! Ich habe in Indien entdeckt, daß ich im Grunde ein religiöser Mensch bin. Ein Leben ohne Glauben kann ich mir nicht mehr vorstellen. Ohne Glauben heißt auch ohne Hoffnung, und das Wort Liebe ist im Westen total korrumpiert. Nein, im Moment kann ich mir nicht vorstellen, nach Frankreich zurückzugehen, ich schließe es nicht aus, aber ich hab noch viel zu lernen.

Jacques verließ Bombay noch am gleichen Abend. Ich setzte mich in eine Kneipe und schrieb mir seine Geschichte auf. Irgendwann, ich glaubte nicht richtig zu hören, vernahm ich Fluchen auf bayrisch. Ich drehte mich um. Allein vor sich hin fluchend saß da ein langer, dünner, vom Äußeren her sehr untypischer Bayer.

Max Kattelbach, 24: I ham ma dengt, fahrst amal in des Indien, alle redn davon. Und dann, Kruzifixkruzifixkruzifix, wenn i des gwusst hätt. Da bin i mit meim Köfferl spazieren gangen, am Beach, na ham mi drei Inder eigladn zum Essen. Naja, habe ma denkt, warum net. Des Essen war a guat, da kannst nix sagn, aber nacha, im Auto, es is inzwischen dunkel wordn, habns me vo hinten packt, mei Köfferl gnomma, mei Jackn runtergrissen, mi vom Auto ausegstossen und ab sans, die Hund, die misrabligen. Im Köfferl warn 3.000 Mark in bar, i mag koane Schecks, 3.000 Rupies, mei walkman, meine tapes und in der Jackn war mei Pass. Kruzifixkruzifixkruzifix, wann i dran denk, wer i narrisch. Aber da kannst nix machn. Mei Freindinn schick ma etzt Geld, vom Konsulat kriege an neia Pass, des braucht alles sei Zeit, dann haue ab, dann kann me des Indien am Arsch leckn.

Geklaut wird überall. In jeder anderen Ecke dieser Welt hätte Max eine auf den Schädel bekommen, daß er »nur« aus dem Auto geschubst wurde, ist typisch für Indien. Die Kriminalität gegenüber Westlern überschreitet bisher noch selten die Anwendung körperlicher Gewalt. Wohlgemerkt selten und noch. Ich hoffe, das bleibt lange so. Max und ich gingen noch eine Weile auf den nächtlichen Straßen spazieren, und bei bester Laune fragte ich einen daherkommenden Westler, warum denn er in Indien sei. Mit einer abwehrenden Handbewegung antwortete der: »Sag du mir lieber, wo's hier lang geht.« Das weiß eigentlich niemand.

Die Installierung des Schahregimes und die Ablösung des Schahs durch Chomeini hat große Flüchtlingsströme nach Poona und Bombay gebracht. In beiden Städten gibt es deshalb etliche Kneipen und Restaurants, die iranische Küche anbieten und Treffpunkte unterschiedlichster Exiliranier sind. Mein Äußeres ähnelt dem eines Iraniers. Bei Reisen in den Iran wurde ich oft als Einheimischer angesehen, genauso war es in diesem Restaurant. Ein erster Blick genügte für viele nicht, um mich als Nichtiraner zu erkennen. Mein nächster Gesprächspartner wußte, daß ich einen westdeutschen Pass habe; vielleicht trug mein Äußeres zu dem vertrauten Gespräch bei. Ich weiß nicht, was ihn veranlaßte, so offen zu sein, denn ungefährlich war es nicht, und daß er kein Lämmchen war, witterte ich.

N. N., Bombay 87: Ich weiß, ich schau nicht nur aus wie ein Westler, ich hab auch einen entsprechenden Pass, nur ist der gefälscht. Bin Perser und kann soviel gestehen, daß ich im Drogenhandel tätig bin. Im Großen.

Mein persönliches Anliegen neben dem Geld, das ich damit mache, ist, den Westen mit Drogen überschwemmen. Vorher habt ihr uns geplündert, speziell unser Land, dann habt ihr Chomeini zugelassen, nun liefert ihr ihm sogar noch Waffen. So einfach, so glatt läuft das nicht ab. Ich bin stolz darauf, in einer Organisation mitzuarbeiten, die euch zumindest einen Teil eurer Verbrechen heimzahlt. Ihr könnt genauso wenig mit Drogen umgehen, wie die Indianer Nordamerikas es mit dem Alkohol konnten. Ich würde gerne auf einen Teil meines Verdienstes verzichten, nur um euch den Stoff billiger zu liefern. Nur um noch ein paar mehr von euch süchtig zu machen. Aber wir sind in erster Linie eine Profitorganisation, mit Weißen an der Spitze übrigens. Ihr macht euch selbst fertig. Ihr und eure Gier nach Geld.

Nach diesem Brocken ging ich ans Meer spazieren und hatte für den Rest des Tages kein Bedürfnis mehr zuzuhören. Das erwachte erst wieder am nächsten Tag bei der englischen Lady. In einem nicht so vornehmen Viertel erzählte mir Emma ihre Geschichte, im kleinen Garten, der umgeben war von hohen Mauern mit Stacheldraht.

Emma Loveridge, 61: Meine Geschichte ist kurz. Ich hab einen Inder geheiratet, jetzt leb ich von der Pension, von Mieteinnahmen und meinen Kindern. Drei Söhne. Töchter wollte ich keine und gebar auch keine. Einer Tochter wollte ich das Leben als Frau in Indien ersparen, denn das ist nicht leicht. Nun haben die »Memsahibs«, die verheirateten Kolonialfrauen und die mit Indern verheirateten Frauen, so wie ich, schon einiges zur Bewußtseinsänderung der indischen Frau beigetragen. Ich sag das mit einem kleinen Stolz. Diese Veränderung setzte sich fast dramatisch nach der Teilung des Landes fort. In den vielen Flüchtlingslagern mußten alle, also auch die Frauen mitverdienen. Die Mittelklasseeltern mußten ihren Töchter immer öfter erlauben, in Berufe wie Telefonistinnen, Sekretärinnen, Lehrerinnen und Krankenschwestern einzusteigen. Auch der Mitgift wegen. Aber die Stellung der indischen Frau ist nach wie vor schwach.

Schon bei der Geburt eines Mädchens ist die Freude beschränkt. In der Ernährung, Erziehung und Schule sind kleine Mädchen benachteiligt. Dann kommt der wichtigste Tag im Leben der indischen Frau: die Trauung. Von da an soll sie ihren Mann als Gott betrachten. Das schließt ein: Gehorsam, Anmut, Sanftheit und Arbeit, Arbeit, Arbeit. Die beginnt in aller Frühe mit Opfergaben an die Götter und kleinen Mandalas vor der Haustür in ländlichen Gebieten. Haushalt, Essen. Wenn Sie schon mal in einer indischen Familie gegessen haben, ist Ihnen sicher aufgefallen, daß zuerst Gäste und Familie versorgt werden und die Frau als Letzte die Nahrung zu sich nimmt, wenn sie überhaupt am gemeinsamen Essen mit Gästen teilnimmt. Neben dem Gott Ehemann gibt es noch die Gottheiten Schwiegereltern. Wenn sich Schwiegermutter und Schwiegertochter nicht vertragen, kann das für die Jüngere zur Hölle werden. Diese Tradition bröckelt in den Städten, auf dem Land ist sie ungebrochen.

Die indische Frau hat auch Rechte, die von keinem Mann angetastet werden. Im Haushalt gibt sie den Ton an, in der Erziehung der Kinder, in der Partnerwahl von Sohn und Tochter und vieles mehr. Das gibt der indischen Frau Selbstsicherheit, Entschlossenheit und Eleganz besitzt sie ohnehin. Wenn eine Frau Außerordentliches leistet, wird sie vom Mann nicht etwa unterdrückt, überhaupt nicht, das läßt die Hindukultur nicht zu, sie läßt die Frauen gewähren. Indira Gandhi z.B., eine Frau als Premierministerin. Auch das ist Indien. Die indische Kultur machts möglich.

Eine lebendige, wache Frau. Warum Emma Loveridge einen Inder geheiratet hat, ob sie gerne ihrem Mann nach Indien gefolgt ist, darüber verlor sie kein Wort. Heimweh nach England schien sie nicht zu kennen.

Wendelin Ackermann, 27: Indien? Mann, das is'n extremes Land. Manchmal könnt ich alle Inder erschießen. Also echt, dauernd das dumme Angequatsche und sture Geglotze. Hab mal irgendwo gelesen, Indien ist ein Angriff auf Sinne und Gefühle. Das stimmt. Ich war vorher schon 'n paarmal in Afghanistan und Pakistan, die Lebensart is mir also nich fremd, aber Indien schießt den Vogel ab, echt. In keinem andern Land bin ich bis jetzt soweit mit meinen Gefühlen getrieben worden, daß ich manchmal alle niedermachen möchte.

Was mich echt stört, in Indien kannste dich nirgends zurückziehn, so daß de mal in aller Ruhe verschnaufen kannst, das geht einfach nich, da wirste nich in Ruhe gelassen. Biste da mal n Ort findest, wo de dich richtig wohl fühlst, da können Tage vergehen. Die Inder kapieren auch nicht, daß wir ab und zu mal ganz alleine im Winkel hocken wollen. In Europa is das echt anders, da leb ich viel anonymer, da schließ ich die Tür hinter mir und fertig. 'N bißchen versteh ich ja auch die Inder, die wachsen mit 20 Leuten in einem Raum auf, mal übertrieben gesagt.

Nach Indien gekommen bin ich wegen Bhagwan. Ich hab ihn mal in Oregon besucht, und jetzt hatte ich das Bedürfnis ihn wiederzusehen. Wußte auch, daß er in Manali is, also bin ich hin. Es war als hätt ich n alten Freund wiedergesehen. Nichts weiter. Keine Ausflipperei, einfach so: Hallo Alter, alles ok? Es war auch schön dort, ’n bißchen kalt. Das hätt ich niemals gedacht, daß ich auf’n Guru abfahre. Aber das mußte erleben. Weißte, ein Guru hier is ganz was anderes als bei uns. Hier sind die Typen ’ne Autorität, bei uns hab’n se’ne Autorität. Als Bhagwan abgefahren is, bin ich auch weg, runter nach Poona, hab einige Sannyasins besucht. Nach drei Monaten hatte ich eigentlich genug von Indien, hab meine Freundin in Berlin angerufen, daß ich wiederkomme, da sagte die, nene, bleib noch, in ’ner Woche komme ich nach Indien. Hab se hier am Flughafen abgeholt und wir sind erst mal nach Goa. So richtig relaxn. Das war dufte. Auch mal n bißchen Abstand zu den Indern. Aber in Goa hab ich mich manchmal richtig geschämt wie sich andere Westler aufgeführt haben, echt. Unmöglich. Diese heruntergekommen und modischen Freaktypen saßen immer in’n paar Restaurants, immer die gleichen und so cool. Verstehste, so cool, unmöglich. Die lümmelten in den Stühlen vor ihrm Müsli oder Tschai, jeder und jede hergerichtet als wären se ’nem wilden Modezoo entlaufen, sagten kein Wort, keine Unterhaltung, nichts.

Da kam so’n junges italienisches Pärchen an, erst sechs Wochen in Indien, ganz gut drauf, die habn dann angefangen, Smack (Heroin) zu nehmen. Innerhalb von fünf Wochen sind die körperlich zerfallen. Aa, das war furchtbar mitanzuschauen. An Armen und Beinen Ausschläge, die Gesichter eingeschrumpft, so’n schrägen toten Blick. Ee, furchtbar, ehrlich.

Am Arambolbeach war nur ein kleines Süßwasserrinnsal, da mußte dich mit den Einheimischen wegen Trinkwasser anstellen. Da warn auch so’n paar Drogenfreaks und haben sich jeden Tag gewaschen und gekämmt, obwohl hundert Meter weiter ein kleiner See zum Baden war. Das Süßwasser brauchten doch die Leute fürn Haushalt. Und die kämmten sich und kämmten, die kümmerten sich nich n Pfennig drum, wieviele Leute da anstanden. Kennste ja die Inder, die sind geduldig und warten. Einmal wurds mir zu bunt, da sagte ich zu so’m Freak, ob er nich schneller machen könne und überhaupt wär dort drüben der Badesee. Der Typ warn Deutscher. Fauchte der mich an: Halt die Klappe, du Scheißbhagwanfreak, ich leb hier schon neun Monate und weiß, wie man die Leute hier behandelt. Ich war fertig, mir fiel nichts mehr ein. Naja, wir haben auch echt nette Leute hier getroffen, wirklich. Von Goa sind wir in so’n kleines Dorf bei Indore gefahren. Da hats uns dann beide erwischt. Das muß die Ruhr gewesen sein. Das war schlimm, vor allem für meine Freundin. Kranksein, die Hitze, da waren so Momente, wo wir dachten, jetzt drehen wir durch.

Wie's mir dann besser ging, bin ich ab und zu ins nächste Dorf, da hats nen größeren Shop gehabt. Zwei Kilometer Entfernung. Ehrlich, nach 500 Metern hab ich nich mehr gewußt, wohin ich wollte, was ich wollte. Mein Hirn war so richtig Matsche geworden durch die Hitze. Da konnte ich die Inder auch wieder n bißchen verstehen. Da kannste praktisch nix mehr machen, wenn die Sonne so runtersticht.

Wie's dann wieder besser ging, sind wir nach Bombay und sie is nach insgesamt zwei Monaten Indien zurückgeflogen. Ich hab meinen Flug in drei Tagen. Freu mich schon auf so'n richtiges Frühstück in Berlin. Dunkles Vollkornbrot, Quark, Bienenhonig, Butter, Landeier.

Wendelin trug keine rote Kleidung, wie das die Anhänger/innen des Bhagwan Rajneesh früher taten; er hatte noch die Mala umhängen, mit dem Bild des lachenden Gurus, aber auch die verbarg sich manchmal unter dem Hemd. Mit Wendelin traf ich mich noch die folgenden Tage, und gemeinsam lernten wir eine westliche Prostituierte kennen.

Jacqueline, 40: Seitdem der Ölpreis gesunken ist, kommen die reichen Saudis und Ölscheichs nicht mehr so oft wie früher. Das merkst du im Gewerbe sofort. Turbulent gings nochmal zu, als so viele Leute wegen dem Bhagwan Rajneesh nach Poona gingen. Durch die Bhagwan-Leute hatten wir zwar auch vermehrte Konkurrenz, aber da kamen manche Ölscheichs wieder jedes Wochenende eingeflogen und wollten auch mal so'ne Bhagwani habn. Wir streiften uns dann auch Rot über. Sonst läufts nicht schlecht. Für mich besser als in Europa. Die harte Währung ist gut angelegt. Für das Alter hab ich jetzt schon ein gutes Polster. Und jetzt, meine Herren, muß ich an die Arbeit.

Nachdem Wendelin abgeflogen war, schlenderte ich ziellos durch die Straßen, blieb in einem Antiquariat hängen; ebenso ein hagerer Engländer, mit dem ich ins Gespräch kam.

Michael McInnerney, 40, England: Ich bin leidenschaftlicher Spieler. Leelaspieler. Leela ist ein Spiel der kosmischen Energie, ein göttliches Spiel. Leela ist das Leben, das Selbst, das unaufhörliche Fließen jeglicher Energie, sei es Wut, Ärger, Hingabe, Liebe.

Der Spieler erwirbt die Fähigkeit, eine Rolle zu übernehmen, jede beliebige Rolle. Das ist wichtig. Um das geht es. Jede Rolle spielen. So vollkommen, bis einem der Sinn des Spiels verloren geht, bis man das Ich vergißt, bis die Bewegung dem karmischen Würfelspiel entspringt. Du gehst dabei so in dem Spiel auf, daß du dein Selbst als Teil des Ganzen erkennst. Da ist kein sogenanntes Glück mehr im Spiel, kein sogenannter Zufall. Kannst du mir folgen? Bin ich deutlich? Der Sinn des Spiels ist, die Fähigkeit zu erwerben, seiner gewohnten Identität zu entfliehen, seine gewohnten Strukturen zu durchbrechen und so ein besserer, noch besserer Spieler werden zu können.

Es ist der Mikrokosmos eines viel größeren Spiels. Die 72 Felder des Spiels enthalten die Essenz von tausenden von Jahren indischer Selbsterforschung.

Wenn der Spieler sich von Feld zu Feld bewegt, beginnt er in die Strukturen seiner eigenen Existenz zu sehen. Er beginnt eingefahrene Gewohnheiten loszulassen, und er sieht, daß jedes Feld nur vorübergehend besetzt ist. Wenn dieses Fließen erkannt wird, wird es zu einer Realität des Spielers und er ist imstande, immer leichter von Gewohnheiten zu lassen, von festen Strukturen, um mehr zu erfahren über das Wunder des Seins. Wie jedes Spiel hat auch dieses ein Ziel. Gewonnen werden soll das kosmische Bewußtsein, das reine Sein, jenseits von Raum, Zeit, Name, Form, unendlich, ewig, absolut. Das Spiel endet, wenn der Spieler er selbst geworden ist. Das ist Leela. Nun weißt du, warum ich in Indien bin.

Nach zwei Wochen wurde mir Bombay endgültig unerträglich. Zeit abzureisen. Wenige Tage trägt einen der Großstadtschwung, danach beginnt die Stadt einen auszusaugen.

Die letzte Nacht teilte ich mein Doppelzimmer mit einem jungen Engländer. Er gehörte zu einem Dreier-Team. Während seine Freunde noch ein Zimmer belegen konnten, stand er ohne da, ich bekam das zufällig mit und bot ihm das leere Bett an. Zum letzten Mal fragte ich in Bombay: Warum...

Mark, Simon, Anne, England: Zuerst sind wir bis Griechenland mit den Fahrrädern gefahren, dann verpackten wir unsere Räder und flogen damit nach Delhi. Dort warens nur noch zwei. Wir mußten ein indisches Rad kaufen, das schlechteste, das ich bisher gefahren bin. Schwer, hart, unbeweglich. Wie alle Straßen sind auch die indischen Straßen gefährlich. Die überladenen Lastwägen weichen keinen Zentimeter von ihrer Bahn, da mußt du dauernd Platz machen. Das Ankommen in Dörfern ist manchmal schön, manchmal weniger. Stell dir vor, nach sechs bis acht Stunden Fahren wirst du ausgelacht. Nicht nur einmal, oft, das nervt. Trotzdem genießen wir die Fahrerei und es macht Spaß. Unser Ziel ist Australien.

Mein Ziel hieß Goa. Ich freute mich auf die 24 Stunden Schiffsreise am nächsten Morgen.

GOA

Goa, »Königin des Orients«, wie der buchtenreiche und tropische Küstenstreifen genannt wird, ist schon im Epos Mahabarata erwähnt. Nach der Herrschaft hinduistischer Könige übernahmen islamische Invasoren den Landstrich und am Ende des 15. Jahrhunderts kämpften Araber, Portugiesen, Holländer und Engländer darum. 1510 geriet Goa endgültig in portugiesischen »Besitz«. Die englischen Kolonialherren verließen Indien 1947, unberührt davon führte Goa seinen portugiesischen Kolonialdämmerschlaf fort, bis es 1961 in die indische Union integriert wurde. Mit dem Anschluß ans Mutterland wurde Goa, die »Königin des Orients«, an die Moderne angeschlossen: Elektrizität, Straßenbau, Wasserversorgung, Kleinindustrialisierung.

Goa – eines der Hippiezentren in den 60er und 70er Jahren. Einsame Strände, das Meer, Palmen, billiges Leben, verschwommene Freiheitsbegriffe, Drogen, Kommunen und wieder Drogen. Goa sprach sich herum, war »in«, besonders zur Weihnachtszeit von Fremden übervölkert. Palmhütten wurden von Hotels ersetzt, die westliche Küche bürgerte sich ein und der Drogenhandel ging von Freaks an immer professionellere Gangs über. Die Tourismusmaschinerie griff langsam aber sicher nach den Stränden im Norden: Calangute, Baga, Anjuna, Vagator, bald auch Arambol. Im Süden breitete sich das Tourismusungeheuer von Colva aus. Diese Industrie setzt in einer Saison Millionen von Dollar um. Von den Blumenkindern zu den Yuppies, den Karrieristen. Von Palmwänden zu Betonwänden, von Gitarren zu Stereogeräten. Aber es gibt auch hier noch: die Oldies, die Hängengebliebenen, die, die immer wieder zurückkehren.

Einen dieser »Alten« habe ich im Hinterland Goas, wo die Welt noch einigermaßen »stimmt«, getroffen.

G.A., USA, ehemaliger Hippie: Wir haben Afghanistan, Kathmandu und Goa entdeckt, wir waren beliebt, jetzt ist alles anders. Wir werden gehaßt, und es ist alles zertrampelt vom westlichen Geldtourismus.

Seine Aussage ist etwas extrem, denn grundsätzlich werden wir Weiße in Asien freundlicher, zuvorkommender und wohlwollender angesehen und behandelt als Türken, Inder, Tamilen oder Thailänder in westlichen Ländern. Was G.A. wahrscheinlich ärgert: Es wird ihm nicht mehr das Ansehen und der Respekt wie früher entgegengebracht, und die besonders an überlaufenen Touristenorten zur Ware entartete Gastfreundschaft ist ihm unerträglich.

Auch im Hinterland habe ich einen besonders einsichtigen Touristenflüchtling angetroffen.

Ulrich Oberdiek, 29, BRD: Warum Indien? Ich bin Tourist, auch wenn manche Weiße meinen, sie seien das nicht, sind sie es doch. Lächerlich. Die Touristen sind immer die anderen, absolut lächerlich. Diese Touristengemeinde würde auch niemals zugeben, daß wir, Westler, Touristen, die letzten Reste exotischer Kultur bedingungslos ausbeuten. Das tun wir, du und ich. Immerhin, wir wissen es, das ist aber auch schon alles. Schau uns doch an, kein Traum ist mehr übrig geblieben, keine Illusion, also müssen Palmen, Sonne, Meer und Einheimische herhalten. Wir haben ja auch bald alles plattgewalzt, ich meine gleichgewalzt. Wohin dann?

Nirgendwo sonst in Indien ist der Tourismus so »entwickelt« und professionell wie in Goa. Goas Küstenbewohner leben hauptsächlich vom Fischen. Zuerst kam ein Tourist, dann noch einer, schließlich eine Gruppe. Das erste Hotel entstand, das zweite, das dritte und so weiter, schon ist das Sozialgefüge des jeweiligen Dorfes gestört, denn vom eingeschleppten Touristengeld bekommen die einen mehr, die anderen weniger und einige überhaupt nichts.

Das soziale Gefüge beginnt zu zerbrechen, denn aus Ganzjahresfischern werden saisonal Köche, Kellner, Händler. Als nächstes wird die Konsumwelt des Westens zum erstrebten Lebensinhalt. Es steigen die Preise. Für weitere Tourismusprojekte wird Kulturland geopfert, der Wasserverbrauch steigt. Maßloser Drogengebrauch greift auf die meist jüngere einheimische Bevölkerung über, der Alkoholkonsum steigt, einheimisches Kunsthandwerk verkommt zu Souvenirshandwerk. Das Ungeheuer Tourismus saugt und saugt und saugt...

Für die, die Goa nicht kennen, noch ein Wort zu den sogenannten Goaparties. Das sind Veranstaltungen unglaublichen Ausmaßes. Westliche Besucher blättern einige tausend Dollar hin und lassen eine Party organisieren. Anmeldung der Party bei den lokalen Polizeibehörden bedeutet gleichzeitig Schmiergeld zahlen und Schutz vor Razzien. Der Freifahrtsschein für Dealer und Abnehmer. Meist findet so eine Party in Strandnähe statt. Elektroleitungen werden verlegt, damit sich das erstklassige Aufgebot von Hifi-Technik anschließen läßt. Für Musik am Mischpult sorgen meist Italiener. Von ihnen erfährt man auch, ob LSD vorhanden ist. Fürs normale Trinken und Essen sorgen ausschließlich die weiblichen Einheimischen, die mit Kerosinlampen, einigen Bastmatten am Boden ausgebreitet, Kaffee, Tee, Kokoskuchen, Biscuits und Sandwiches anbieten. Die Männer verkaufen Alkohol und es darf Karten gespielt werden, um Geld, versteht sich, was Inder mehr lieben als Westler. Das ganze Spektakel beginnt um Mitternacht und dauert bis neun Uhr morgens. Die ganze Szenerie mutet unwirklich an. Das Meer, der Strand, schlafende Menschen, tanzende Menschen, oft gezeichnet von Drogenexzessen der Nacht, Palmen und aus den Lautsprechern dröhnt modernste Musik. Von einem Rundgang einige Aussagen, die ich nicht zu kommentieren brauche.

Luigi, Goa 88: Ich verkauf alles: LSD, Smack, magic mushrooms, Marihuana aus Kerala, Haschisch aus Manali, Kaschmir, Mustang, Afghanistan oder Chitral. Kauft! Das Zeug ist so billig wie noch nie, kauft, kauft...

Franz Kassenbauer, 21, Österreich: Toll hier, hab heit scho 20 Joints graucht, zwei Trips gworfen und drei Flaschen Bier trunken. Des kannst doch bei uns net machn, da sperrns de ein, aber da kannst des durchziehn. Wenns dir hier mal schlecht geht, wennst aufn Trip schlecht drauf bis, kannst immer no die Palmen anschaun, na gehts dir glei wieder besser. Wohnen tun wir in an Haus, zehn Rupien am Tag, des is doch nix. Mir gfallts hier, ich finds lässig.

Sean Hogben, 42, England: Well, ich bin Trinker. Ich heiratete, ein Kind. Es folgte das Übliche: Scheidung. Konflikt mit dem Gesetz, Trinkeranstalt, wie sie das nennen, etc., der ganze Kram eben. Und irgendwann hat mich 'n Freund nach Indien geschleppt. Indien is easy. Gefällt mir. Neben Alkohol steh ich jetzt auch auf Opium. Ne herrliche Droge. Und sonst. Kleine Geschäfte hier und da, thats it.

Dany Paradise, 26, Canada: Mann, dieses Goa is verrückt, total meschugge, kaputt. Die Leute, schau nur mal in die Restaurants, wie sie alle vollgekifft und ausgeflippt rumhängen. Von joint zu joint, von Trip zu Trip. Die Parties. Total crazy, man, total crazy. Das verstehste nur, wennste 'n Trip eingelegt hast, anders kannste die bescheuerte Computermusic nicht ertragen. Mannomann, is das'n Trip.

Herbert Gösswein, BRD: Ich bin hier, weil ich in Europa nicht gefragt bin, bin kein Mittelmaß.

Lucy Kettlewell, 24, Neuseeland: Weil Indien mein Karma ist.

Rolf Leuenberger, 31, Zürich: Es kommt Frieden auf die Welt. Ich weiß das, ich spür das, es ist jetzt soweit. Das neue Zeitalter bricht an. Der Krieg Iran-Irak ist nur ein Schachspiel. Das muß aufhören. Magie und Heroin muß weg. Das Geld muß verteilt werden, aber schnell. Die Menschen müssen evakuiert werden, in die Schweizer Berge, da ist noch viel Platz. Die Lebensmittel müssen an die Hungernden verteilt werden. Weißt du, mit so einem Jumbo, den volladen und runterfliegen nach Afrika, das dauert doch nur ein paar Stunden.

Irmgard Hau, 39: Warum Indien? Unwichtig. Laß Indien weg, dann bleibt Warum? Um das gehts doch. Warum fragst du mich also? Warum? Ich möchte keine Antwort. Denk drüber nach.

Später am Strand, die Party war vorüber, die Sonne näherte sich ihrem höchsten Punkt, bekam ich folgendes Geschimpfe mit.

Jessica Rattner, 28 (nackt, sonnenbadend): Diese Scheißinder. Wenn du als Frau alleine hier rumliegst, wirst du dauernd von diesen doofen, gaffenden Indern angemacht. Hartnäckig sind die und frech. Unmöglich. Verdammte Arschlöcher. Da stehn sie vor dir, fummeln an ihrem Hosenlatz rum und fragen: willst du das Ding rein haben. Ein abgefacktes Volk, diese Inder.

Andere Länder, andere Sitten. Jessica Rattner ließ sich auf die Sitte des Kleidertragens nicht ein.

Endgültig auf der Flucht vor der Hitze, in einem Palmhüttenrestaurant, bei einer Banana-Lassie mit Eiswürfeln, machte ich noch eine sonderbare Bekanntschaft.

Paul Narayan, 22, Dallas USA: Meine Eltern sind Inder, ich wurde in den Staaten geboren. Alle zwei Jahre mache ich eine Reise nach Indien, um das Land meiner Eltern kennenzulernen. Diesmal hab ich mir Goa ausgesucht. Es ist schön, aber kein Komfort. Das enttäuscht mich, wirklich, kein Badezimmer, kein fließend heißes und kaltes Wasser, nichts, gar nichts, in manchen Häusern haben sie nicht einmal Elektrizität. Das ist zuviel. An Strand schlafen ist auch hart, da hast du Sand in den Haaren, Moskitos, schrecklich, schrecklich. Dann hab ich meine Stereoanlage dabei, ich liebe Jazz, und kann sie nirgends anschließen, weils keine Steckdosen hat. Unmöglich. Ich schlepp doch nicht 50 Kilo Stereo einfach mit mir herum. Ich möchte Jazz hören, verstehst du. In zwei Tagen fahr ich nach Calangute, hab gehört, dort soll es mehr Komfort geben.

Agnes, 37, Goa: Ich bin Exilungarin, jetzt hab ich einen westdeutschen Pass. Mein Indiengrund ist schon ein wenig eigenartig. Es sind genau zwei Gründe. Ein unbedeutender und ein bedeutender. Mit dem unbedeutenden fang ich an. Ich hab ein Haus in Griechenland, das ich mit einem Freund, Ungar, teile. Ich such den Freund, von dem ich nur weiß, daß er in Goa sein soll, und ich befürchte, daß er in Drogen abgesunken ist. Ich find ihn schon. Das ist nicht so wichtig. Die eigentliche Triebfeder meines Daseins in Indien ist ein Traum. Ich hab von einem Kind geträumt, einem Baby, das in Indien auf mich wartet. Über ein Jahr lang hab ich das regelmäßig geträumt. Erst nach und nach hab ich herausgefunden, daß das Kind in Indien auf mich wartet. Wenn der Traum nicht immer wieder mit solcher Eindringlichkeit und Klarheit wiedergekommen wäre, hätte ich das nicht weiter beachtet. Nun hab ich es mir so eingerichtet, daß ich notfalls ein Jahr lang dieses Kind suchen kann, um herauszufinden, was es damit auf sich hat. Ich such auch nicht systematisch, ich laß mich treiben und dann werden wir uns schon finden.

Ebenso unwahrscheinlich, aber auch wahr ist der nächste Beitrag.

Daniel, 27, Goa Januar 87: Letztes Jahr bin ich von Indien nach Frankreich zurück. Hab mich in einen kleinen Bergdorf in den Pyrenäen niedergelassen. Dort hat es 200 Leute gehabt. Ich habe nichts gemacht, kaum getrunken, kaum etwas gegessen, kaum geredet, ich war total in mich gekehrt. Nach einigen Wochen bin ich plötzlich auf und davon. Bin getrampt, habe im Freien gearbeitet. Mit dem Geld hab ich mir ein Hinflugticket nach Indien gekauft und seit drei Monaten bin ich wieder da und ich weiß, daß ich im Frühjahr sterben werde.

Ich weiß nicht, ob er gestorben ist. Vielleicht ist Daniel nicht mit dem eigentlichen Erlebnis des Reisens fertig geworden. Reisen, Unterwegssein bedeutet: sich mit dem provisorischen Charakter des Lebens vertraut machen, sich dem Existentiellen stellen, der Unsicherheit, der Angst vor dem nächsten Wechsel. Einmal, das ist unausweichlich, wechseln wir, reisen wir, vom Leben in den Tod.

Vagator, ein Fischerdorf an einer Flußmündung ins Meer gelegen, ist ein Ort, in dem erstaunlicherweise der Dorfcharakter erhalten ist. Eine starke und vernünftige Dorfgemeinschaft hat bisher allem Profit, also Zerstörungsversuchen widerstanden. Kein Haus, kein Hotel, das die Palmen überragt. Einzelne, die auszubrechen versuchten, bekommen die Stärke der Mehrheit zu spüren. Das gleiche kann Westlern passieren, wenn sie meinen, hier seien die Einheimischen noch etwas »zurück« und eine Drogenmarktlücke auszufüllen gedenken. Dabei ist Vagator seit frühester Hippiezeit populär. Aber die Fischer ließen sich ihren Stolz nicht abkaufen, heute nicht, und hoffentlich bleibt es so. Es gibt in Vagator neben einer Luxushotelanlage, die sich selbstverständlich architektonisch der Landschaft anpassen mußte, einen Ashram mit nicht gerade gewöhnlichen Mitarbeiter/innen.

Katrin Willinger, 19, BRD: Ich bin Soziologiestudentin und hab mein Praktikum hier im Om Yeshu Niketan Ashram bis auf eine Woche hinter mir. Om Yeshu ist ein christliches Ashram, offen für alle Westler. Für Leute, die in Not geraten sind, Drogensüchtige, Meditierende, Durchreisende. Wir versorgen auch Westler, die ins Gefängnis oder in die psychiatrische Klinik eingeliefert wurden. War schon eine erlebnisreiche Zeit. Am meisten hab ich von denen gelernt, die ausgeflippt waren. Wenn die den Frieden im Ashram störten, hab ich immer dagegen reagiert, anstatt aufbauend. Im Gespräch mit den Junkies ist am Anfang auch meine christliche Haltung ins Wanken geraten und es war schwer, die Menschen trotzdem zu lieben. Die Arbeit und das Leben mit diesen meist gebrochenen Menschen war schon herausfordernd. Sie machen sich nichts vor, sind, was sie sind oder was die Gesellschaft mit ihnen gemacht hat. Ich hab in den letzten Monaten wirklich die verschiedensten Stimmungen durchlebt. Goa ist ja auch ein traumhafter Ort: Palmen, Sonne, Meer, Strand, aber dahinter lauern die Drogen: LSD, Heroin, Haschisch, dann tritt die Verwirrung ein, schlimmstenfalls die Sucht und Geistesgestörtheit.

Rino, 30, Vagatorbeach: Schiva ... one, two, three, ... Omomom ... 45 chapattis past three ... my name is name ... also a name ... Schiva Omomom ... one, two, three ... Grazie, Grazie ... Schiva ... thank you ... one, two, three

David Sellwood, 40, England: Bin mit Unterbrechungen seit 67 in Indien. Scheißinder. Hab ein gutes Geschäft mit Indern in Kerala gehabt. Wir verkauften Öl und Marihuana. Seit Jahren arbeiteten wir zusammen, plötzlich, von einem Tag auf den anderen haben sie mir alles weggenommen, mich praktisch davon gejagt. Dabei sind sie durch mich reich geworden, diese verdammten Schweine. Sobald es ums Geld geht, sind Inder das Letzte vom Letzten. Nach dem ersten Schock ging ich zu meinen Geschäftspartnern zurück, wollte mit ihnen reden, was in sie gefahren sei. Mann, die wollten mich umbringen. Scheißleute. Ich hasse die Inder, ich kann sie nur noch ertragen, wenn sie Chappatties backen. Vollkommen pleite schaffte ich es bis Goa, Vagator, dort ging ich erst mal in den christlichen Ashram. Drei Monate. Ich zahlte nichts, bekam Unterkunft, Essen und arbeitet dafür. Ich arbeitete viel zu viel, wirklich viel zu viel. Da waren noch so ein paar deutsche Sozialhelferinnen, die ihr Praktikum absolvierten, die müssen 20 Rupien am Tag bezahlen und fanden das natürlich in Ordnung, daß ich dann sämtliche Arbeiten machen sollte. Diese Arschlöcher, 20 Rupien, was ist das, drei Mark, nur weil sie diese lächerlichen drei Mark pro Tag zahlen konnten, haben sie sich so selbstgerecht aufgeführt, diese dummen Gänse. Pater Anand ist ok, gescheit, offen, sieht alles nicht so eng und fanatisch.

I.T., 24, Goa-Arambol 87: BOM ... BOOOOMM ... BOOOMM... hahahha ... BOOM ... hahaha ... its so nice, its so beautiful here ... BOOOOOOOMMM...

Leute wie Rino und I.T. waren früher häufiger. Heute werden sie schneller in ihr Herkunftsland zurückgeschickt, landen schlimmstenfalls in indischen psychiatrischen Anstalten oder Gefängnissen. Verloren gegangen in Indien. Verloren gegangen in diesem Rausch. Denn das ist Indien. Ein Rausch. Ein süßlich greller Farbenrausch, ein Bewegungsrausch, ein Rausch der Stille, ein Zeitrausch. Dazu LSD, ein Spiel mit dem Feuer, und viele kommen für längere Zeit von diesem Trip nicht mehr zurück, manche nie mehr. I.T. flippte auch aus. Seit sechs Wochen ist er auf diesem Trip. Ich traf ihn das erste Mal inmitten des berühmten Dschungels von Arambol, einem sehr kleinen Dschungel, aber zu groß und übermächtig für I.T. Er irrte darin umher, lebte an einem kleinen Rinnsal, sammelte Blumen für seinen Hausaltar, steckte sich Blüten in die Haare, hatte diesen starren Blick, ruhig, manchmal flackernd, dann unberechenbar. Dieser Blick jagte vielen Angst ein, da zeigte sich wilde, ungezähmte Urkraft. I.T. blieb länger als ich in Arambol und später habe ich gehört, daß er dann anfing, in den Restaurants Essen zu bestellen und nichts zu bezahlen, vom Wirt verlangte, den Kühen jeden Tag einen Eimer Wasser hinzustellen, Fahrräder klaute, damit ins Meer fuhr und sie zurückließ usw. Eines Tages holte ihn die Polizei ab. Was weiter geschah, wußte niemand.

Ian Littlejohn, 50, England: All die Leute die behaupten, sie lieben Indien sind abgefackte Schleimscheißer. Blinde Lügner. Diesen Leuten kann ich nicht zuhören, das sind keine Menschen. Dieses Land muß man hassen. Indien kann man nur hassen und wer dieses Land nicht haßt, ist ein verdammter Ignorant, einer der über alles verdammt liebend hinwegschaut.

Ich bin vor neun Jahren losgefahren, um Abenteuer zu erleben, die Welt sehen und all das. Vor allem wollte ich Indien sehen, wie es ist, wie es wirklich ist, nicht wie es in den Büchern steht und wie manche Träumer einem was vorschwärmen. Als erstes kam ich in Delhi an, in so einem Tourist Camp, machte gleich meinen ersten Ausflug. Neu, frisch importiert von Europa, schaute ich mir mal Old Delhi an. Hatte nette Kleider an und gute, solide Schuhe. Schon die ganze Zeit machten mich die Schuhputzer an, polish Sir, polish, polish. Schließlich gab ich nach, ließ mir von einem die Schuhe putzen. Warum nicht. Stand da also mit einem Bein auf dem Schemel, mit dem anderen auf dem Bürgersteig. Kam mir schon etwas komisch vor, aber der Typ putzte und putzte, wirklich gut und schnell. Als er fertig war, glänzten die Schuhe, und es folgte die unvermeidliche Frage: How much? Sagte der: 45 Rupien? 45 Paisa? Maybe Paisa. Aber er wiederholte fest und steif: Give me 45 Rupia. Sir. Ich konnte es einfach nicht ganz glauben, denn das ist doch eine ganze Menge Geld. Aber gut, ich bin neu in diesem Land, gerade angekommen. Ich bezahlte die 45 Rupien, ging weiter, stieß auf einen Verkehrspolizisten, zeigte ihm die polierten Schuhe, und fragte, wieviel die Putzerei wert sei: Very nice shoe Sir, very nice polish, 30 Paisa will do. Ich erzählte ihm die 45 Rupiengeschichte und schon gingen wir beide in Richtung Tatort. Der Schuhputzer saß tatsächlich noch da, sah mich in Begleitung des Cops und fing sogleich an zu rennen. Der Cop hinterher. Er war ein großer bärtiger Sikh. Die indischen Cops haben alle ein Bambusrohr als Knüppel, Lathi genannt. Es dauerte nicht lange, da hatte der Cop den Schuhputzer eingeholt und drosch auf diesen armen Kerl ein, der Cop holte so richtig aus und Wumwumwum. Anyway, ich hab die 45 Rupien zurückbekommen, bezahlte 50 Paisa und ging, während der Cop mich militärisch verabschiedete: Good bye Sir. Das war mein erster Tag in Indien.

Ich komme mir in Indien immer vor wie am ersten Tag. Letzte Woche bin ich in Hampi gewesen. Abends. Vollmond. Ich stand auf der Brücke am Fluß. Die Inder trieben die Buffalos zum Waschen ins Wasser, Ochsenkarren fuhren an mir vorbei, Kühe gingen hin und her, Menschen kamen von der Feldarbeit und einige hundert Meter weiter wurden die trockenen Felder für die neue Saat abgebrannt. Das Feuer war ein grandioses Feuerwerk. Du stehst inmitten dieser Szene und fragst dich, ist das wahr oder nicht. Alles ist so unwirklich, irreal. Darum komme ich seit neun Jahren immer wieder. Ich kann nicht mehr leben ohne diesen Irrsinn zu erleben. In Europa kannst du das doch niemand erzählen. Die begreifen das nicht, die nicken mit dem Kopf und denken: jetzt spinnt er. Oder sie beneiden dich, sie hassen dich. Nein Mann, mit solchen Bildern und Erlebnissen mußt du allein fertig werden.

Eine verdammte Scheiße ist, wenn du siehst, wie Plätze, die du neun Jahre schön empfunden hast, langsam kaputtgemacht werden, Arambol z.B. Mit den Einheimischen kannst du kein vernünftiges Wort mehr reden. Da gehts nur noch um Paisa. Das Gleiche passiert hinten mit dem See. Mann, das ist ein heiliger See, da tauchst du dreimal und gehst wieder raus. Aber diese Scheißleute, die Scheißtouris, diese Jetsetholydayfreaks von Europa benützen den See als Schwimmbahn, Badezimmer, Toilette, Freizeittummelplatz. Unmöglich. Schweine sind das. Schweine. Keinen Respekt. Auch nicht die Mittelstandswochenendinder, die stellen sich mit Bier- und Whiskyflasche in den See, betrinken such und finden das großartig. Schweine. Schweine. Arambol ist ein Power-Place. Diese Idioten, die jetzt dort hinten leben, begreifen das nicht. Arschlöcher. Brüllen Bom, Schiva und haben keine Ahnung, von was sie reden. Die jungen Leute hören einem nicht mehr zu, glauben, alles besser zu wissen. Idioten.

Arambol ist ein magischer Ort. Es ist nicht nur schön, paradiesisch, wie viele Leute sagen. Diese Leute haben den Grund und die Magie von Arambol noch nicht berührt. Arambol ist das unendliche Paradies, es ist der Geruch der anderen Seite, der Geruch des Todes. Wenn du hier in Arambol jemals diese Art von Tiefe erreichst, hau sofort ab, aber sofort, vielleicht ist es noch nicht zu spät. Wenn du bleibst, bleibst du für immer.

IM SÜDEN

Von Gokarn aus, einem hinduistischen Pilgerort südlich von Goa, also in Karnataka, unternahm ich eine Fünftagestour, allein, immer an der Küste entlang. Waren schon in Gokarn wenige Westler anzutreffen, so waren sie jetzt vollkommen verschwunden. Stattdessen: steil abfallende Felshänge, Buchten, kleine einsame Strandflecken, tropisches Pflanzenwerk, das helle wolkenlose Blau des Himmels, das unentwegt anrollende Meer, ab und zu ein schaukelndes Fischerboot darin. Und Stille. Was für eine Stille. Das Rauschen des Meeres, Wind, Möwen- und Krähengeschrei. Feucht salziger Geruch direkt am Ufer, hundert Meter landeinwärts Erde- und Pflanzengeruch.

Ich kam an winzigen Siedlungen vorbei, Hütten aus Palmzweigen und Lehm, abgedeckt mit Palmblättern. Die Frauen in bunten Saris, die Männer im Lendenschutz, beschäftigt mit den Netz- oder Bootsreparaturen, schauten neugierig, überrascht, freundlich. Nach zwei Tagen Wanderung wieder ein Dorf. In einem Laden konnte ich Reis und Mehl kaufen, ein Tschai wurde mir angeboten und mit Hilfe von Hindi- und Englischwörtern kam eine kleine Verständigung zustande. Für mehr reichten unsere gegenseitigen Sprachkenntnisse leider nicht aus, denn mit ungewöhnlicher Eindringlichkeit wurde von etwas »Bestimmten« geredet. Nach einer Weile, stand das »Bestimmte« vor mir. Ein Mensch. Ein nie und nimmer erwarteter Westler. Und sprach auch noch Deutsch. Wir sprachen sogar ähnlichen Dialekt, mein männliches Gegenüber kam aus Österreich.

Helmut Waibl, 25: I mog Indien sehr, leider habe diesmal a schlechts Erlebnis ghabt. Da blicke jetzt erst so langsam durch. Manchmal kann i es no gar net glaubn.

Im Dezember war i in Mandu. Es war schön ruhig, kane westlichen Touristen, kane indischen Touristen, nix, gar nix. Da habe ma denkt, do bleibst über Weihnachten. Im Hotel habe zwa Inder troffn, die i schon amal in Jaipur gsehn hab, sogar gredt habn ma dort mitanand. Naja, großes Hallo, ihr a do und so weiter. A weng a Gsellschaft war ma net unangenehm. Irgendwie muß ma se mit de Einheimischen a arrangieren. Wir habn a mitanand Charras graucht, jeden Tag. Nach vier oder fünf Tag habn sie mich wieder eingladn, glei in der Früh, zuerst Tee, dann rauchen, wieder Tee. I war bei ihne im Zimmer und den Tee habn's im Zimmer gmacht. Gredt habn wir übern Charras, über Goa, Indien, was ma halt so redt. Nach 20 Minuten is ma schwindlig wordn. Aber glei so wie no nie, richtig damisch im Kopf und der Körper is so zsammgfalln. Mei Zimmer war glei daneben, des habe grad no gschafft, die zwei Inder hinterher. Na habe gsagt, ok,. jetzt könnts wieder gehn. Nix. Die san bliebn. Na is ma des scho a weng komisch vorkomma, aber ich hab nix mehr machn könna. Mei Arm warn wie glähmt, gsehn hab i no, wie se die zwei Inder über mein Rucksack hergmacht habn, da war doch die Kamera drin. I wollt no abwehrn, des weiß i no, aber die habn me bloß auf die Seiten grollt in mein Bett, dann bin i a bald ohnmächtig gwordn.

Wie e aufgwacht bin, nach a paar Stunden, bin i grad no ins Office komma, dann bin i wieder zsammbrochen. Die habn me pflegt und sofort ins Krankenhaus gfahrn. Dort habns zuerst dacht, i hab zuviel Drogen gnommen, dann hab i sie überzeugen können, das des net stimmt und der Fall anders ausschaut. Über a Wochn war i im Krankenhaus, i hab am Anfang gar nimmer richtig redn könna, des war schlimm.

Jedenfalls hab i a Datura stramonium ghabt, des kann i mir jetzt merkn, eine Stechapfelvergiftung. Des habn die zwei Inder in den Tee eini, na hats mi erwischt. Kamera weg, Pass, Cash, Traveller Checques, die hab i aber nachher in Bombay wieder ersetzt kriegt.

Ja des war was. Jetzt pfleg i mein Körper, bin ganz vorsichtig, mach kleine Spaziergänge und manchmal wer i ganz traurig, fast depressiv, vielleicht hängt des no mit der Vergiftung zsamm, weil so habe mi in Indien no nie gfühlt.

Lassn wir des. Redn von was Positivem. Seit i nämlich in Indien war, komme viel besser mit meiner Familie zrecht, vor allem versteh i mein Vater besser und des is gut so. Mir lebn aufm Land und da wenn i hinkomm, von Indien z.B., is alles in Ordnung. Keine Streitereien mehr. Kein Widerstand mehr, wir habn alle glernt, an andern in Ruh zu lassn.

Wie wichtig der Familienfriedn is, des hab i gsehn in Indien. Na hab i mir denkt, des muß doch bei uns a gehn. Aber zuerst hab i den Indern zugschaut, wie die in der Familie mitanand auskomma, wies mitanand redn, wie zufriedn sie san, wie religiös vor allem. I bin kei Christ mehr, austretn bin i aus dem Verein, aber i hab glernt, in Frieden mit de Nächsten zu lebn. A bisserl mehr guter Wille, a bisserl mehr Verständnis, a bisserl mehr mitanand redn, des hilft scho. Vor allem a bisserl mehr Achtung vor der Natur, des is doch was Göttliches, was Herrliches, des is net nur zum Ausbeutn da. Die Ausbeutung, die hat me vor allem vom Christentum so gstört.

Auf Indien bin i komma, wie amal a par Leit ausm Nachbardorf von Indien zurückkommen san. Das war Anfang 70er Jahre. Die warn mit an VW-Bus dort und habn viel Dias gmacht. Die habns zeigt. Ja, des weiß i no ganz genau. Des warn alles so Langhaarete, so ruhig und glassn habns gwirkt. Dann die Bilder von der Türkei, dem Iran, Afghanistan, Pakistan, Indien, Nepal, des hat me gfesselt. Elf Jahr war i damals. Später hab i Hesse glesn, Siddharta und die Morgenlandfahrt. Nach der Lehr bin i endlich ab und immer wieder zurück, wie jetzt.

Helmut, klein, untersetzt, gutmütig, schutzlos. Sein Äußeres hatte einen Hippie-Einschlag, lange blonde Haare zu einem Knoten gebunden, leichter Schnurrbart, rotes Stirnband, weiße Kleider, sauber und gepflegt. In Ausstrahlung und Bewegung ziemlich »indisiert«, also den Einheimischen angepaßt, soweit das für westliche Menschen überhaupt möglich ist. Unüberseh- bzw. hörbar seine Neigung, sich Orte zu suchen, wo keine »Westler« sind. Hier in diesem Dorf ist er tatsächlich in echter, guter, unverdorbener einheimischer Gesellschaft. Sein Gespür scheint sich da etwas geschärft zu haben. Was mir persönlich nicht so recht in sein harmonisches Weltbild paßte, war das Haschischrauchen. Von dosiertem und überlegtem Rauchen konnte nicht die Rede sein, unüberlegt und maßlos, bei jeder Gelegenheit griff er zur Pfeife. Er sah das sicher anders.

Ich übernachtete in Helmuts Palmhütte, er hatte sie von den Einheimischen gemietet. Wir kochten Reis, etwas Gemüse, wanderten nach dem Essen ans Meer und legten uns schlafen. Am Morgen verließ ich den Ort und ging langsam Richtung Gokarn zurück.

In Gokarn nahm ich einen Bus zu den Jog-Wasserfällen, rund sieben Stunden landeinwärts. In letzter Minute zugestiegen war eine junge Französin. Wach, unbekümmert, selbstsicher. Während der Fahrt unterhielten wir uns.

Simone Poulet, zwischen 25 und 30: Mein Onkel war Schlangenhauthändler in Indochina. Wenn der nach Marseille kam, auf Besuch, war das immer ein Ereignis für uns Kinder. Mit ihm kam die Exotik in Person, begeistert hingen wir an seinen Lippen, wenn er von Asien erzählte, von seinen Erlebnissen mit den fremden Menschen, den Dschungeltieren, das war für uns fesselnder als ein Abenteuerfilm. In dieser Zeit entwickelte ich eine starke Vorliebe für China, auch Indien. Ich konnte den Abenteuererzählungen meines Onkels nicht mehr so viel abgewinnen, es kam meinerseits eine politische Sicht dazu, ich witterte die Ausbeutung, den Trieb nach Geschäft, die Gier nach Geld.

An Indien faszinierte mich die indische Frau. Ihre grazilen Bewegungen, ihre Sanftmut, ihre innere Festigkeit, ihre Sinnlichkeit. Ich fand und finde diese Frauen schön und tapfer. Ganz im Gegensatz zum indischen Mann, den finde ich falsch und schmierig.

Neben der indischen Frau, die meine Erwartungen mehr als erfüllte, überraschte mich die indische Landschaft. Ich hatte mir Indien kahler und öder vorgestellt. Dabei hat es wunderschöne Gegenden. Was einem in Indien auch überfällt, ist der Geruch. Dieser Sinn kann sich in so einem Land richtig ausleben. Auch die Gefühle. Endlich mal innerlich loszulassen, weils auch außen stimmt, das gefällt mir an Indien. Nicht mehr so bombardiert von Logik, Vernunft, waagrechten und senkrechten Linien, endlich mal einfach all das Schiefe, Wackelige, Unmögliche denken. Das finde ich herrlich. Dazu kommt, daß mir die fatalistische Haltung Indiens liegt. Das war eine Entdeckung. Wegen Religion, Mystik und so bin ich nicht gekommen, das interessierte mich überhaupt nicht. Auch jetzt noch nicht nach fünf Monaten Indien. Langsam wird mir Indien auch zuviel. Immer öfter registriere ich einen Aggressionsstau. Das vermischt sich mit einer gewissen Enttäuschung. Enttäuscht hat mich die Gastfreundschaft. Da ist einfach immer eine Absicht dahinter, meistens Geld, wenn das einmal nicht, Sex. Das nervt. Auf eine absichtslose Gastfreundschaft bin ich noch nicht gestoßen, vielleicht muß man dazu auch die Sprache beherrschen. Schade, aber es ist so, Geld, Geld, Geld. Die tollsten Geschichten werden einem aufgetischt, unglaublich, das ist auch ein Talent der Inder, sie haben eine grenzenlose Phantasie und können stundenlang reden.

Die Fahrt zu den Wasserfällen wurde von Stunde zu Stunde großartiger. Die kaum befahrene Straße war gesäumt von grünem Dschungelwald, dazwischen kleine Reisfelder, gelbe Kornfelder, Holz- und Strohhütten, scheue Menschen. Das Sonnenlicht des späteren Nachmittags verzauberte die Landschaft. Die Französin und ich, wir schwiegen. Wir betrachteten die unbeschreibliche Natur. Als der Fahrer einmal anhielt, um winkende Menschen mitzunehmen, stieg sie – zum Entsetzen des Fahrers und der Fahrgäste – kurz entschlossen aus. Nichts konnte sie zurückhalten, die letzten Kilometer wollte sie wandern. Ich blieb sitzen. Wir winkten uns noch lachend zu, und weiter ging es. Für die Inder schwer nachvollziehbar: eine alleinreisende Frau.

Auf den ersten Blick hinterließen die Wasserfälle einen dürftigen Eindruck, es herrschte gerade Trockenzeit. Ein Weißer, über 40, mit kräftigem, muskulösem Körperbau, spärlichen, hellen, kurzen Haaren und rötlichem Gesicht sprach mich an und fragte mich, ob ich der einzige Tourist sei, der mit dem Bus angekommen sei. Da ich annahm, daß er mit Tourist Westler meinte, bejahte ich. Kopfschüttelnd hörte er mir zu, schlug sich mit dem Handrücken auf die Stirn und legte los.

Jeff McDonald, Kanada: Manche Westler, die nach Indien kommen, wandern auch mehr im Jenseits als in der Realität. Vor zwei Wochen traf ich eine Französin, die kam ganz alleine daher. Ich dachte, mich trifft der Schlag. Ich hab ihr gesagt, daß sie Steine im Hirn haben muß, als Frau alleine durch so eine Gegend. Hier hats Menschen und wilde Tiere. Hier verschwinden Leute auf Nimmerwiedersehen. Weihnachten erst schwamm drunten im

Wasserfallbecken eine nackte Frauenleiche. Westlerin. Bis die Polizei hierher kommt, hat es den Körper in die Tiefe gezogen. Wer war sie? Wie kam sie zum Tode? Niemand weiß es. Nein, nein, Indien ist kein Spaß. Hier gehts ums Überleben, und ein Menschenleben zählt gar nichts.

Ich kenne das Land. Ich arbeite zwölf Kilometer von hier an einer Elektrizitätsstation, die meine Firma vor Jahren aufgebaut hat. Mit indischer Sorgfalt haben die Einheimischen die Maschinen kaputtgehen lassen: ich solls nun wieder in Ordnung bringen. Zwei Monate läuft der Vertrag. Wie ich das sehe, sind mindestens drei Monate notwendig. In fünf Wochen bin ich vertraglich fertig, entweder zahlt meine Firma noch einen Monat oder die Inder, sonst hau ich ab, ich bleib keinen Tag länger in diesem Land.

Indien – hier herrscht Armut, Unterdrückung und Korruption. Mit Geld kannst du hier alles und jeden kaufen. Religion hin oder her, Geld beherrscht die indischen Menschen. Die Reichen genießen das Leben, die Armen haben ihre Religion und ihr Jenseits. Das ist meine Meinung.

Das war so klar und deutlich gesagt, wie es nur Westler zustande bringen.

Am Morgen fuhr ich in die blauen Berge, in den von den Engländern gegründeten Ort: Udagamandalam, auch Octacamund, bzw. kurz Ooty genannt. Dort fiel mir eine alte Dame auf, sie schien ein Überbleibsel aus englischer Kolonialherrschaft zu sein. So dachte, so hoffte ich.

Ginny Greenwell, 66, ursprünglich aus Irland: Nach Indien kam ich durch Heirat. Ein paar Jahre vor der Unabhängigkeit. Mein Gott, das liegt über 40 Jahre zurück. Wie hat sich das Land verändert in diesen vier Jahrzehnten.

Damals war die englische Sprache für viele Inder die Tür zur Welt. Das war nicht etwa eine Zwangseinführung der Engländer, überhaupt nicht, die Inder selbst haben dafür gesorgt, daß die einzige verbindende Sprache im Süden und im Norden immer noch Englisch ist. Von dem Sprachenkrieg Süd-Nord haben Sie sicher gehört. Die englische Sprache wurde nie bekämpft. Die so englisch sprechend Gebildeten, fast alles Beamte, Kaufleute, betrachteten die englische Sprache als ihren eigentlichen Schatz. Die Aristokratie, der Adel Indiens, sprach auch Englisch, aber die konnten mit der Strebsamkeit dieser Mittelklasse kaum mithalten, als die Engländer abzogen. Wichtige Posten waren nun von diesem Beamtentum besetzt, die die indische Gesellschaft, vor allem im religiösen Bereich beträchtlich veränderten. Die Selbstverbrennung der Hinduwitwen wurde verboten, die Polygamie, der Aberglaube, bestimmte Auswüchse des Kastensystems verurteilt, ein Schulsystem eingeführt usw.

Diese damals neue Klasse hatte selbstverständlich ihre Schwäche. Zu weit hatten sie sich dem Westen angepaßt, waren oft Fremde im eigenen Land, und sie mißtrauten der Masse, dem Mann auf der Straße, auch Gandhi war dieser Klasse nicht ganz geheuer. Somit trat diese Klasse in die Fußstapfen der abziehenden Kolonialherren. Die Dynamik der Unabhängigkeit wurde schnell in den Amtsstuben dieser neuen Klasse erstickt. Der Anfang vom Ende, so kann man sagen. Es ist immer nur eine Frage der Zeit. Die Zeit kam in den 70er Jahren. Den entscheidenden Anstoß zur nächsten großen Veränderung leitete Indira Gandhi mit dem Ausnahmezustand ein. 1975. Säuberung ihrer eigenen Partei, Autoritätskurs. Mit ihrem Sohn Sanjay betrat die neue Generation die politische und wirtschaftliche Bühne. Diese Neureichen treiben Indien rücksichtslos und unmoralisch ins nächste Jahrtausend, versuchen, den Anschluß an die Moderne nicht zu verpassen. Ob Indien diese Art Unternehmergeist und Energie braucht, weiß ich nicht, ich bin alt, ich schau nur noch zu.

Interessant ist auch, Geld hat in der indischen Gesellschaft nie eine besondere Rolle gespielt. Das hat sich seit den 70ern geändert. Manchmal glaube ich, heute zählt nur noch Geld. Das finde ich schrecklich. Damit sind auch neue Statussymbole entstanden: Safari-Anzüge, Armbanduhren, Aktenmappen, Fotoapparate, und so weiter.

Ich kann ihnen das alles so schildern, weil ich es miterlebt habe, weil ich dieser alten Klasse unmittelbar nach der Unabhängigkeit angehört habe. Nun sind wir alt, überholt. Mein Mann war Arzt, von der Pension können wir gerade leben, ohne Hilfe unserer Söhne wäre es schwierig, das Haus zu halten. Das Haus hat den Verfall der alten Klasse mitgemacht. Aber das klingt alles so sentimental. Nichts ist aufzuhalten. Ich hoffe, wir können unseren Lebensabend in diesem Haus verbringen. Das wünsche ich meinem Mann und mir. Große Freude haben wir an unseren Enkelkindern.

Wieder in der Ebene, diesmal im Bundesstaat Kerala, traf ich den einzigen Westler in einem Ashram.

Jean Pierre Arlot, 37, Frankreich: Zwölf Jahre war ich bei der Force de Frappe, Luftaufklärung. Habe meine Nase auch in anderen Bereichen drinne gehabt, aber das hat mir alles nicht so gepaßt. Meine Frau, eine gelernte Friseurin, hat nebenbei einen Laden geführt, dem habe ich mich eines Tages angeschlossen. Nach einer dreijährigen Lehrzeit haben wir den Laden gemeinsam geführt mit zehn Angestellten. Ich habe bisher eigentlich alles geschafft, was es zu erreichen gibt, Aufstieg in der Force de Frappe, Lehre, Heirat, Haus, einen Citroen vor der Haustür, Yacht, alles selbst erarbeitet. Trotzdem, je mehr Geld man verdient, um so weniger Zeit hat man, es sinnvoll auszugeben. Man besteigt den Geldgipfel und stellt fest, das ist es auch nicht. Und Europa, das stimmt doch alles nicht mehr, da ist vielen aus jeden vernünftigen Rahmen. Force de Frappe und NATO haben z.B. siebenfache Over-kill-Kapazität, der Warschauer Pakt neunfache. In Europa sind das 40 Tonnen Sprengstoff pro Einwohner. Mir kann doch kein Politiker weißmachen, daß wir noch mehr neue und modernere Waffen brauchen. Ich bin nicht mehr bereit, für diesen Wahnsinn auch noch Steuern zu zahlen. Ich reduzier mich, ich kann das einfach nicht mehr länger mit anschauen. Das gleiche mit dem Phantasiegebilde EG. Das existiert nur auf dem Papier. Da werden auf Steuerkosten Politiker in Beamtensesseln künstlich erhalten, nichts anderes. Eine EG, die Millionen verschlingt, um Nahrungsmittel zu vernichten. In anderen Gegenden verhungern Menschen. Was ist denn das für ein System? Reiner Wahnsinn, Irrenhausreife.

Mit meiner Frau habe ich eine sogenannte ideale Beziehung. Sie versteht, daß ich vor zwei Monaten zu einer einjährigen Reise aufgebrochen bin. Zu einer Reise zu mir selbst. Eine Reise, die mich nach Indien, Thailand, Indonesien, Fiji und Mexiko bringen sollte. In Thailand und Indonesien bin ich schon mal gewesen, da wollte ich Freunde besuchen, in Mexiko meinen Bruder, der ist dort Projektleiter für Solarforschung. Ich habe es aber bloß bis in den Ashram geschafft. Hier ist mir aufgegangen, weiterreisen ist überhaupt nicht notwendig. Hier ist alles, was ich brauche und was ich gesucht habe. Ich habe meiner Frau geschrieben, daß sie die restlichen Flugtickets verkaufen kann, ich habe einen Ort gefunden, und wenn sie Lust hat, kann sie mich besuchen. In 14 Tagen kommt sie für drei Wochen. Hier in dieser Ruhe und Stille habe ich mich gefunden. Endlich. Ich habe mich selbst gefunden als Teil der Schöpfung. Das ist mir in dieser hingebungsvollen Atmosphäre aufgegangen. Alles ist ein Teil des Ganzen. Jede Zelle, jeder Wassertropfen. Der Körper, der zum Großteil aus Wasser besteht, wann der verfällt, sickert jeder Tropfen in die Erde zurück, dort sammelt sich alles und kommt in Teilen wieder zurück, um einen neuen Menschen zu formen, ein Tier, eine Pflanze. Das ist ein ununterbrochener Kreislauf von Kommen und Gehen.

Mit Indien ist das so eine Sache. Man kommt in das Land und glaubt, man kann hier die Weisheit mit Löffeln fressen. Das ist nicht so. Es gibt in Indien große Denker, Weise und Heilige, aber die gibt es auch bei uns. Bei uns haben sie nicht die religiöse Atmosphäre wie in dem Land. Das ist schon was Einmaliges, das muß ich sagen. Trotzdem sind alle westlichen Leute, die nach Indien kommen und einen Guru suchen, in meinen Augen ganz labile Menschen. Für mich ist jeder sein eigener Guru. Jeder bringt die Anlage dazu mit. Wenn mich jemand als Guru wünschen würde, dann würde ich ihm sagen, er soll sich hinsetzen, die Augen schließen; dann bekäme er mit der Faust je einen Schlag aufs linke und rechte Auge. Dann würde ich sagen: So jetzt bringst deine Augen nicht mehr auf, jetzt blicke nach innen und erkenne dich selbst.

Jean Pierre scheint bei sich angekommen zu sein. Dieses Augen-Faustschlag-Beispiel fand ich großartig. Das ist es...

Ein paar hundert Kilometer nördlich liegt der Pilgerort Tiruvannamalai.

Jeder indische Tempel hat ein Wasserbecken, in dem die Gläubigen rituelle Waschungen ausführen. Manchmal werden die Seiten der Badeanlage von Säulen eingerahmt. An einer dieser Säulen lehnte ein blasser junger Mann.

Richard Krokot, 28: Studierte, hörte auf, ging in Fabriken arbeiten, hörte auch damit auf, nachdem ich als Schauspieler unter der Regie von Grotowsky arbeiten konnte. Grotowsky wiederum war ein Anhänger von Sri Mahareshi, auf diesem Weg kam ich in den Besitz einiger Bücher Mahareshis. Diese Bücher waren damals genauso wichtig wie mein Regisseur Grotowsky. In dieser Zeit, vor zehn Jahren ungefähr, entstand mein Wunsch, irgendwann einmal nach Indien zu gehen, nach Tiruvannamalai, in den Ashram Sri Mahareshis. Grotowsky kannte Tiruvannamalai, war mehrere Male dagewesen, hat mir von der Kraft des Ortes und der Kraft des Berges Arunachala erzählt. Wie hab ich mir diesen Ort ausgemalt. Dann kam der politische Wechsel in Polen. Grotowsky emigrierte in die USA und unsere experimentielle Theatergruppe löste sich auf. Ich stand vor einem Trümmerhaufen. Ich wollte weg von Polen, weg von meiner Heimatstadt Warschau. Vor einem Jahr schaffte ich es, konnte legal ausreisen, arbeitete in Jugoslawien, pflückte Trauben in Griechenland, verdiente soviel Geld, um endlich nach Indien reisen zu können. Nach Tiruvannamalai. Da bin ich. Ich habe einen Traum eingelöst. Tiruvannamalai hat mich nicht enttäuscht, bestimmt nicht. Ich habe mich in den letzten zehn Jahren verändert, Tiruvannamalai ist nicht mehr so bedeutungsvoll, wie es gewesen ist, aber Grotowsky und Sri Mahareshi werden wichtige Lebensstationen bleiben.

Am Morgen erwache ich noch in einer ländlichen Stille. Dann besteige ich einen Bus und ein paar Stunden später umgibt mich städtischer Lärm: Fahrradrikschas, Taxis, Busse, Lastwagen. Die Fußgängerwege sind voll mit Händlern die Obst verkaufen, Erdnüsse, Flitterkram, Lotterielose, Hemden, Hosen. Es riecht nach Curry, Chappaties, gebratenen Kartoffeln, es stinkt nach Benzin, Urin, dazwischen mischt sich ab und zu eine Brise Meeresduft. Ich bin in der Hauptstadt von Tamil Nadu: Madras, der viertgrößten Stadt Indiens.

Am Abend, abermals in einem chinesischen Restaurant, lerne ich einen ganz normalen Touristen kennen.

Klaus Damovsky, 44, BRD: Von Madras bin ich etwas enttäuscht, is nichts Besonderes, nur ein verrückter Verkehr. War vorher in Hyderabad, da konnt ich das Getümmel noch genießen. Schon unglaublich, was sich in Indien auf den Straßen abspielt.

Hab heut schon ne Tempeltour hinter mir. Mamallapuram war nich so überragend, Kancheepuram schon eher. Weißte, ich hab nur drei Wochen Urlaub, darum hab ich auch Flüge dazwischen, von Aurangabad nach Hyderabad und hierher. Morgen früh gehts weiter nach Trivandrum, Kovalambeach, dann die Backwaters, von Cochin nach Bombay wieder 'n Flug, das is es dann schon auch. Ich reis gerne, bekomme aber nich so viel Urlaub. Ich war auch früher schon mal in Indien, im Norden, Delhi, Rajasthan, war toll. Auch alleine. In Indien mit ner Freundin reisen, is ne harte Sache. In Indien kannste auch keinen Urlaub im Sinn von Urlaub machen. Unmöglich, da wirste von früh bis abends gefordert. Die Hitze, die Bettler, ne Straßenüberquerung in ner Stadt is'n lebensgefährliches Abenteuer, mit Essen und Trinken mußte aufpassen, das richtige Hotel erst mal finden. Mit'm regelmäßigen Einkommen als Bankkaufmann haste andere Ansprüche. Da haperts dann auch oft. Aircondition brauch ich nicht unbedingt. Aber heißes Wasser möcht ich.

Davon mal abgesehen, Indien is für mich das interessanteste Land, das ich kenne. Indien hat vom Norden bis in den Süden alles. Berge, Schnee, Dschungel, Meer, Strände, Wüsten und is reich an Rohstoffen. Muß auch sagen, die Inder haben Erstaunliches geleistet. Klar kannste nich alles mit unsern Maßstäben messen, geht gar nich, das hier is ne total andere Welt. Und billig Mann. Heute die Tempeltour, 50 Rupien, sieben Mark, das waren mindestens 250 Kilometer. Klar, unseren Maßstab kannste auch da nich anlegen.

Bei uns reden se doch von sogenannter neuer Armut, ich kann das Wort nicht mehr hören, die sollten mal hierherfahren, hier herrscht Armut, wirkliche Armut. Die Armut Indiens sind die Menschenmassen. Im Moment stehen die Inder ganz gut da,

Wirtschaft usw., aber wenn die Bevölkerung so weiter wächst, sieht die Zukunft gar nicht gut aus.

Nun kommt wieder jemand zu Wort, dessen Name und Herkunft ich verschweigen muß. Wir führten insgesamt drei Gespräche.

A.H.: Mit 14 Jahren habe ich in der Schweiz eine Bombe hochgehen lassen. Ich wurde geschnappt, vor Gericht gestellt und abgeschoben, für eine Verurteilung war ich viel zu jung gewesen. Ich kehrte als Held zu meinen Leuten zurück. Dann kam ich in ein Ausbildungslager in den Libanon, dort traf ich auch Baader-Meinhof-Leute und später Angehörige der RAF. Die Ausbildung war hart. Ich bewährte mich. Durchreiste danach ganz Europa als Kurier und Spion mit den verschiedensten Pässen. Dann wurde ich für zwei Jahre in ein spezielles Ausbildungslager nach Russland geschickt. Danach organisierte ich einige Unternehmen in Europa, Libanon und Palästina. Ich sah Tote und Verletzte. Ich mordete auch. Spielt doch keine Rolle, ob ich eine Rakete auf eine Siedlung abfeure und Menschen getötet werden oder ob ich jemand niederknalle. Ich habe Menschen getötet.

Eines Tages fragte ich mich, warum? Wofür? Ab diesem Moment waren meine Unternehmungen nicht mehr so erfolgreich. Ich operierte im damals besetzten Süd-Libanon. Bei einem Überfall auf eine israelische Patrouille ging mein bester Freund drauf. Er war mein bester Freund gewesen, weil ich mit ihm über meine Zweifel geredet hatte. Er verstand mich, denn es ging ihm genauso. Plötzlich lag er tot neben mir. Das tat mir weh. Mir wurde klar, der Nächste würde ich sein. Da stieg ich aus. Ich geriet aber bald in solchen Geldmangel, daß ich wieder Kurierdienste übernahm. Das Warum und Wofür verließ mich aber nie mehr. Ich dachte nach, für manche Mitkämpfer dachte ich entschieden zuviel. Aber man ließ mich in Ruhe. Ich war ja sehr erfolgreich gewesen. Und trotzdem: ein selbständiges Leben hatte ich nie gelebt, ich war immer geführt worden. Auch Geld bekam ich immer. Hatte doch keine Ahnung, wo und wie das beschaffen. Dafür hatte ich eben auf andere Leute zu hören, deren Ideen wurden mir eingepaukt, ich spielte da keine Rolle. Am Ende meiner Zweifel und Überlegungen mußte ich erkennen: Ich war mißbraucht worden, verführt zu Haß und Mord.

Zurück konnte ich nicht mehr. Ein verpaßter Fluganschluß, und ich saß in Madras fest. Gelangweilt durchstreifte ich die Stadt, hörte den Trommelschlägen aus einem Haus zu. Zwei Stunden oder so, aber diese zwei Stunden haben mich weggetragen, ganz weit, zu mir selbst. Ich weiß, das klingt komisch, aber wenn man nie man selbst war, muß man eine riesige Strecke zurücklegen. Ich sprach mit dem Trommler, er ist jetzt mein Lehrer und jedes Jahr komme ich ein paar Monate her, um mehr zu erfahren.

Madras beherbergt ein Weltzentrum geistiger Art: die theosophische Gesellschaft. Die Gebäude liegen in einer gepflegten Parklandschaft und alles ist sehr ruhig.

Es war schwer, mit jemand ins Gespräch zu kommen, einzig Brian gab mir ein Zehn-Minuten-Statement, dann entschuldigte er sich höflich wegen anstehender Arbeit.

Brian, 45, Madras 1987: Wer bin ich? Warum bin ich hier? Wohin gehe ich? Diese Fragen beschäftigten mich schon als Kind, und die Antworten darauf hab ich in der Theosophie gefunden. Die Theosophie ist nämlich die Quelle aller großen Religionen, ohne selbst eine zu sein. In der Theosophie steckt die Weisheit von Jahrtausenden.

Die theosophische Gesellschaft ist eine Weltorganisation und wurde von Frau Blavatsky und Herrn Olcott 1875 gegründet. Hier in Adyar ist das Zentrum. Wir haben eine Bücherei mit über 70.000 Büchern zu den Themen: Theosophie, Mystik, Okkultes, Religion, Philosophie. Die drei Ziele der Theosophie sind: 1. Bildung einer universellen menschlichen Gemeinschaft ohne Rücksicht auf Rasse, Glaube, Geschlecht, Kaste oder Hautfarbe. 2. und 3. Die Theosophie unterstützt religiöse, philosophische, wissenschaftliche Studien, außerdem die Erforschung ungeklärter Naturgesetze, einschließlich der vorhandenen Kräfte im Menschen.

Ich selbst bin hier, weil ich das Gefühl habe, hierherzugehören. Die Theosophie erlaubt mir individuelle Suche und individuellen

Glauben. Das ist wichtig. In der Theosophie gibt es keine Dogmen, da ist jeder angehalten, das Göttliche in sich selbst zu suchen, auf welchem Weg auch immer.

Hyderabad. Ich gehe in einem Außenbezirk spazieren. Es riecht nach Erde. Die Zeit scheint still zu stehen. Leichter Wind. Die Glocke eines Tempels ist zu hören. Ich setze mich vor dem Eingang eines kleinen Hindutempels auf einen Stein. Hinter mir eine Inderin im roten Sari. Sie schaut mich ungewöhnlich neugierig und direkt an. Plötzlich fragt sie mich, woher ich komme. Sie spricht englisch mit unverkennbaren französischen Akzent.

Claudine Dubois: Ich bin auf dem Land in der Scheißbürgerlichkeit meiner Eltern aufgewachsen. Meine Mutter war mehr mit den Urteilen der Nachbarn beschäftigt, als mit meiner Gedankenwelt. Die Lehre in einem Lyoner Juwelierladen zu machen, bedeutete für meine Eltern einen gesellschaftlichen Höhenflug. Als ich den Verführungskünsten meines Chefs widerstand, setzte der eine Verleumdungskampagne in Gang. Silberschmuckdiebstahl lautete die Beschuldigung. Als mir nicht einmal mehr meine Eltern glaubten und mich auf ihren rechten Weg, wie sie es bezeichneten, zurückführen wollten, dachte ich, jetzt dreh ich durch. In einer Art Erleuchtungsmoment packte ich Pass, Geld, Zahnbürste, einige Kleidungsstücke und stellte mich auf die Straße. Mit Lkws kam ich bis nach Istanbul. Im Pudding-Shop traf ich Leute, die nach Indien fuhren, denen schloß ich mich an.

Indien hatte mich bis dahin überhaupt nicht interessiert. Armut, Dritte Welt, Saris, heilige Kühe. Das war Indien für mich. Mit großen Augen und offenen Ohren lauschte ich damals im Pudding-Shop all den Indienfahrern. Es war faszinierend, zuzuhören. Begann auch mit dem Haschischrauchen. In Indien, wo es mir sofort gefiel, war ich bald beim Opium. Nicht lange. Die Kifferei und der ganze Drogenkonsum langweilten mich. Von den faszinierenden Typen war ich bald enttäuscht, die redeten von Gott, Erleuchtung und Meditation, dabei nahmen die Rauschgifte von früh bis abends.

In Tirupathi, einer heiligen Stadt nahe Madras, trennte ich mich von einer Gruppe Westler. Ich konnte dem Gewäsch nicht mehr zuhören, ihre Selbstgefälligkeit kotzte mich an. Ich weiß noch genau, etwas abseits eines großen Tempels hatten wir ein kleines Feuer gemacht, kochten Chappaties und Dahl, wir, die zwei Frauen, kochten selbstverständlich. Mir ging gerade durch den Kopf, daß ich mein Visum schon um drei Monate überschritten hatte, ich nicht zurück nach Frankreich wollte, da riet mir eine innere Stimme, hier in Indien zu bleiben, aber nicht mehr so wie bisher. Ich starrte ins Feuer, kramte meinen Pass hervor und verbrannte ihn. Etwas in mir lachte, freute sich, ein anderes Leben stand mir bevor. Etwas in mir lachte, ich spürte das genau. Es war der Beginn meiner Gurusuche.

Ich fand ihn bald. Wir erkannten uns sofort. Jeder von uns hatte das Bild des anderen im Innersten getragen. Wir lebten dann jahrelang im Tempel eines kleinen Dorfes nahe Hampi. Wir lebten von Almosen der Gläubigen und vereinzelter Westler. Zwei Kinder, eins starb nach einem Jahr. Das Dorf verließen wir nach sieben Jahren und bezogen dafür diesen Tempel hier, der verstorbene Guru meines Gurus hatte es sich so gewünscht. Ein Jahr leben wir nun hier, oder sinds zwei, ich weiß nicht.

Nach Europa kann ich nicht mehr, ich hab mein Leben hier zu führen, das weiß ich, wenn es auch als Westlerin immer schwieriger wird. Erzähl mal einem indischen Flic, daß du durch und durch Inderin bist, nur eben zufällig Weiße. Der denkt, du bist bekloppt, zuviel Drogen. Drogen nehm ich nur noch bei religiösen Anlässen, bei Durchfall greif ich manchmal zu Opium, ein uraltes Heilmittel. Hast du zufällig ein wenig?

Ihr Alter? Vielleicht Mitte Dreißig. Ihre Augen wirkten erloschen, verwelkt. Ihr Körper schien ausgelaugt. Ausgelaugt von ihrem Schicksal, von Indien, von der Hitze. Es gibt nichts mehr zu gewinnen, nichts mehr zu verlieren. Warten...

PONDICHERRY

Pondicherry war bis 1954 eine französische Kolonie und ist seither ein Stadtstaat der indischen Union. Bekannt geworden ist Pondicherry durch Sri Aurobindo. Aurobindo (1872-1950) war ein Anführer der bengalischen Befreiungsbewegung, der vor der Verfolgung durch die Engländer floh. In Pondicherry zog er sich aus der Politik zurück und schrieb religions-philosophische Bücher. Seine französische Lebensbegleiterin, »die Mutter« genannt, baute die Einsiedelei zu einem Ashram aus, legte 1968 den Grundstein zu der »Stadt der Zukunft-Auroville«, die sie bis zu ihrem Tod 1973 leitete. Auroville, fünf Kilometer von Pondicherry entfernt, ist ein Lebensexperiment von Menschen aus aller Welt, die friedlich, im Einklang mit Natur und Umgebung leben wollen. Nach dem Tod der »Mutter« kam es zu einem Zerwürfnis zwischen der Aurobindo-Gesellschaft Pondicherry und den Aurovillianern, erst in jüngster Zeit beginnt man sich wieder anzunähern. In Auroville leben rund 600 Menschen, 400 aus dem Westen und 200 Inder/innen.

Auroville umfaßt eine große Fläche. Das Land muß verdorrt gewesen sein, so wurde mir berichtet. Heute, das habe ich gesehen, ist es eine wunderschöne Parklandschaft. Es gibt wieder kleine Wälder, eine Million Bäume wurden gepflanzt, verschwundene Vogelarten kehren zurück, Wildtiere, Pflanzen, kurz die Natur bedankt sich für eine liebevolle Behandlung.

Die einzelnen Farmen sind kilometerweit voneinander entfernt. Wie überall, gibt es auch hier reiche und arme Kommunen. Die einen arbeiten hart, die anderen haben es nicht nötig. Es gibt protzige Betonbauten und schlichte Wohnhäuser.

Bei einer Radtour auf dem Auroville-Gelände lernte ich die 38jährige Yvonne aus Holland kennen.

Yvonne: Geheiratet habe ich mit 22 Jahren. Viel zu früh. Aber für das, was ich studieren wollte, hätte ich drei Jahre warten müssen. So traf ich IHN. Drei Kinder und später folgte die Scheidung. Vor zwei Jahren lernte ich René kennen und gemeinsam mit den Kindern im Alter von sechzehn, zehn und acht Jahren gingen wir nach Auroville. Mit unserer Farm halten wir uns gerade so über Wasser. Dafür ist es wunderschön hier. Der Himmel, die Sonne, die Sterne, sogar der Mond scheint hier heller als in Europa. Ich habe die meiste Zeit meines Lebens in Städten verbracht, hatte aber immer einen starken Drang aufs Land. In Europa klappte es leider nie. Dort ist auch alles so zusammengedrängt, so eng, klein, das Land zu teuer, alles peinlichst reglementiert. Ohne Automation kann man wirtschaftlich gar nicht mehr mithalten. Die künstliche Düngerei nervt mich auch. Chemischer Abfall wird einfach vergraben, das Wasser ist unsauber, Europa ist doch eine einzige Müllhalde.

In Indien kann ich noch einen alternativeren Traum verwirklichen. Es wächst außerdem fast alles hier, Autos gibts kaum, ab und zu ein paar Motorräder. Die Windmühle hat übrigens unser Nachbar gebaut, zwei Kilometer von hier.

Die Farm haben wir von unserem Vorgänger übernommen, das Haus etwas erweitert, auch etwas Land dazugekauft und darauf viele Nußbäume gepflanzt, das bringt Geld. Einzig das Wasser ist manchmal ein Problem. Und Geld. Das ist immer knapp, aber irgendwie geht es immer weiter.

Als ich Yvonnes Farm verließ, kam ein Schweizer dahergeradelt, der einige Probewochen auf der Nachbarfarm verbracht hatte und sich gerade von seinen Gastgebern verabschiedet hatte.

Walter Lustenberger, 32: Insgesamt hab ich fünf Wochen auf der Farm gelebt und ich bin enttäuscht. Nicht ganz enttäuscht, aber irgendwie doch. Vielleicht, weil mein letzter Traum in die Hose gegangen ist. Es ist ruhig und warm hier, phantastisches Klima, das muß ich sagen, aber die Leute sind auch nicht weiter als irgendwo sonst. Da wird geklatscht, intrigiert. Da gibts offene Feindschaften. Die eine Farm pflegt keinen Kontakt mit der anderen. Es wird auch geklaut. Nachts brauchst du einen watchman, sonst wird abgeerntet. Es sind manchmal indische Banden, manchmal europäische.

Das Geldgefälle in Auroville ist auch interessant. Die einen bauen sich Pensionspaläste hin, haben Tamilenangestellte, bekommen laufend Geld aus Europa geschickt und dann gibts die, die es gerade so schaffen. Etliche verwirklichen auch ihren kleinen Farmertraum. Ist ja alles schön und gut, aber für mich stimmt das alles nicht. Den Traum können sie verwirklichen, weil sie die Dollars haben und Indien ein armes Land ist. Geld, das ist Geld. Wie überall. Aber von wegen Zukunftsstadt ohne Bargeldverkehr. Da sind die noch weit davon entfernt. Im Moment wird wenig Warenaustausch betrieben, im Gegenteil, Ärger und Wut werden ausgetauscht. Gut, so schlimm, wie ich das jetzt sage, ist es auch wieder nicht. Aber warum sollen die weiter sein, sind doch auch nur Menschen wie du und ich. Ganz sicher muß ich meine Wunschvorstellungen erst einmal korrigieren. Nicht schlimm, möchte das nochmals betonen, denn immerhin, die Aurovillaner probieren etwas aus, riskieren etwas. Das muß man unbedingt anerkennen und sie haben vor allem aus einer Wüste ein Naturparadies geschaffen. Respekt.

Dr. Karl (Carlos) Pfauter, Jahrgang 1905, wohnhaft in München, geboren in Thüringen, ist pensionierter Beamter, der einige Jahre im Dienst der BRD in Indien gearbeitet hat und immer noch jeden Winter in Indien verbringt. »Carlos« fand meine Warum-Indien-Frage so interessant, daß er mir folgendes schrieb:

Dr. Karl Pfauter, BRD: Warum Indien? so fragte mich Harald Hetzel, als wir beim Frühstück in einem Guest House des Sri Aurobindo Ashram in Pondicherry am selben Tisch saßen.

Eine kurze Frage, zwei Worte nur – aber meine Antwort ist lang und umständlich, da Indien so dicht in mein Leben, d.h. in mein späteres Lebensdrittel eingeflochten ist. Ich kann nicht von einem plötzlichen Ruf sprechen, dem ich jählings gefolgt sei, wie zum Beispiel ein Freund von mir, Besitzer einiger Nachtclubs in Anchor-Alaska, dem ein Buch von Sri Aurobindo – von einem Gast vergessen – in die Hand und zugleich ins Herz fiel, so daß er seine dortige Habe verkaufte, sich nach Pondicherry begab, um zu verbleiben. Oder die Italienerin Annamaria, Beamte im Arbeitsministerium in Rom. Sie hatte ein Erlebnis an einem geweihten Ort in Indien (während einer üblichen Gruppenreise durch ganz Indien); sie liquidierte ihre sichere Position und lebt seitdem in einem Ashram in Südindien in einer Palmstrohhütte am Meer, wo sie Dorfkinder pflegt und unterrichtet. Placido, ein junger Mann aus Spanisch-Marokko, entrann der militärischen Fuchtel seines Vaters, wanderte als Pilger durch Indien – glücklich, gelöst, so lehnte er ein paar Rupien ab, die ich aus meiner Tasche zog. »Ich brauche kein Geld.«

Ein solcher Ruf ist nicht an mich ergangen. Kein Ruf oder Berufung, sondern »Beruf«. Ein behördlicher Auftrag schickte mich im Jahre 1954 nach New Delhi. Kurz vorher hatte ich mit einer Freundin einen französischen Film gesehen, »The River«, das Leben einer britischen Familie in einem Bungalow am Ganges. »Dies Land werden wir nie sehen», sagte ich damals, denn Indien war für uns ein »Land, das ferne leuchtet«, weit entrückt unseren bescheidenen Möglichkeiten. Ein Jahr später war ich dort.

Im gelehrten Kommentar zur Baghavat Geeta (kommentiert von dem Philosophen und späteren Staatspräsidenten Radhakrishnan) heißt es: »Im Leben des Menschen ist ein unberechenbares Element, das wir Glück, Zufall, Bestimmung, Schicksal benennen.« Ich selber wage nicht, einen dieser Ausdrücke zu gebrauchen. »Es wirkt im Individuum für unberechenbare Zwecke.«

Vorausgegangen war in früher Jugend Lektüre; heute vergessene Namen: Karl Gjellerup oder Waldemar Bonsels »Indienfahrt«. Da wurde ein verklärtes Indien, ein Traumindien aufgebaut, das heftige Sehnsucht erweckte. Lange danach war mir aus der Bücherei eines Freundes ein Buch zugefallen, das ich nie zurückgegeben habe. Romain Rolland »Das Leben des Ramakrishna. Eine Untersuchung über Mystik und Tat des lebendigen Indien«. Das war eine frohe Botschaft der Toleranz, der Liebe. »Alle Religionen habe ich erprobt: Hinduismus, Christentum, Islam und auch die Pfade mancher Sekten. Es ist derselbe Gott, dem alle auf verschiedenen Wegen zustreben. ... Die Substanz ist eine, aber sie trägt verschiedene Namen. Jeder folge seinem Wege...« Weite Horizonte eröffneten sich, fern waren alle Dogmen wie »Es führt kein anderer Weg zum Vater denn durch mich«, und es gab keine Prädestination mit drohendem Jüngsten

Gericht. Dieser ferne Klang blieb wohl bestehen und verblich nicht ganz, auch als die Finsternis der NS-Zeit und die Schrecken des Krieges über uns hereinbrachen. »Non violence«. Nicht widerstehen dem Bösen lehrte uns Indien, aber wie wäre es damals zu vollziehen gewesen? Man blieb am Leben, unverdient.

Nicht das Indien der Weisen und Mystiker traf ich damals (1954) an, sondern das offizielle Indien – das Indien der Ministerien, der Behörden und Ämter und der Empfänge. Das Indien Nehrus, sieben Jahre vorher erst freigeworden. Der Geist Gandhis waltete noch. Die Katastrophe der »Partition« (Teilung des Landes in (West- und Ost-)Pakistan und Indien, (1947) war kaum überwunden. Meine Aufgabe war schön, groß, unermeßlich: wissenschaftlicher und kultureller Austausch, Gründung eines Kulturinstitutes »Max-Müller-Bhavan«. Begegnungen mit den großen Männern der ersten Stunde, mit Nehru, mit den Staatspräsidenten Radhakrishnan und Zakir Hussain, mit dem Erziehungsminister Maulana Assad, den ich durch Deutschland führen durfte... Namen, die inzwischen Geschichte geworden sind, der Jugend vielleicht durch den Gandhi-Film bekannt.

Dahinter aber hielt sich das andere Indien verborgen, auch durch Anwesenheit schwer zu erreichen. Zuerst zeigt Indien ein strenges Gesicht: Monsunhitze, Monsungüsse, offen dargestellte Armut und Leiden. Der junge Engländer, neben mir in Bombay an's Land gestiegen, weint. Eine fremde Formenwelt muß verstanden werden. Gewundene Figuren über die Tempel gebreitet, üppig, überladen, oft grotesk. Auch Goethe stößt sich daran: »Und so will ich ein für allemal keine Bestien im Göttersaal. Die leidigen Elefantenrüssel...« oder »mit Schnauz und Rüssel ein albern Spiel; verrückte Zieraten«. Goethe, der doch in einem früheren Gedicht den obersten Gott wieder und wieder auf die Erde herniedersteigen läßt, »...kommt herab zum sechsten Mal, daß er unseresgleichen werde, mitzufühlen Freud und Qual...«.

Daß dies alles vorläufige Bilder sind, Volksglaube, aber unter dem skurrilen Gewand Tugenden repräsentierend, daß all dies nur Schleier der Maya ist, vorvorletzte Manifestation, daß auch die hohen personifizierten Götter der Samsara-Welt angehören – Sprossen auf der Leiter –, das muß erst gelernt werden.

Indien ist eine Herausforderung, die man bestehen muß und vor der man nicht davonlaufen soll wie Günter Grass, der in seinem jüngsten ärgerlichen Buch für Indien nur Vokabeln aus der Mülltonne gebraucht: Kot, Schmutz, Ratten, Elend, der die großen Tempel von Konarak und des Südens besucht, ohne die erhabene Schönheit zu bemerken, der die Flucht ins europäische Domizil ergreift.

Auch mich selbst betrachtete Indien zunächst mit strengem Auge. So fiel der Blick eines sehr jungen Priesters – vor einem kleinen Schrein in einer Talfalte Kshmirs –, in tiefer Entrückung sitzend, auf mich, aus einem Nirgendwo kommend. Im tiefverschneiten Himalaya auf 5000 Meter Höhe ein Pilger in der dünnen ockerfarbenen Robe des Sadhus – ein reicher Mann aus Rajasthan – auf dem Wege zum Eishöhlentempel Amaranath und vielleicht zur Erlösung. Oder in Rishikesh, wo der Ganges aus dem Gebirge heraustritt, wie da in Verzückung die Pilger die Arme der Sonne entgegenheben. Wie an einem Krishnatempel in Rajasthan die Dorfweiber den Schrein berühren, als hätten sie das Gewand der Gottheit erfaßt... Die griechische Freundin, eine gläubige Tochter ihrer orthodoxen Kirche, weinte. »Einen solchen Glauben habe ich zu Hause noch nie gefunden.« Es lagert oder webt ein religiöser oder mystischer Schleier über dem Lande. Eine religiöse Begabung, die wir verloren haben, sagt die Freundin.

Sieben Jahre der Einübung waren mir gegeben. Zweimal habe ich beim Abschied geweint: als sich eine Legation von Tibetanern, Flüchtlingen vor der chinesischen Okkupation, von mir mit der feierlichen Shawl-Zeremonie verabschiedete. Das andere Mal, als ich vom Flugzeug aus noch einen letzten Blick meiner Diener auffing, nichts als Treue und Ergebenheit in ihren Mienen, getreu ihrem Dharma, ihrem Lebensgesetz. Vorher noch Abschiedsbesuch mit zwei Kolleginnen am Taj Mahal, wo mir ein Wahrsager in die Hand schaute, dazu seine Karten mischte, um mir zu sagen: »Du gehst in ein anderes Land, wo Du ein geringeres Wirkungsfeld haben wirst (less scope), aber du kommst hierher zurück.«

Ich bin wirklich zurückgekommen nach sechs Jahren Abwesenheit; diesmal sah Südindien mich mit einem gütigen Auge an. Sah Indien in mir einen anderen? Zunächst wieder das Land der extremen Kontraste; Dürrekatastrophen mit Elend für Mensch und Vieh im Wechsel mit Flutkatastrophen, überhaupt ein katastrophensüchtiges Land, vielschichtig, vielgesichtig – die

Gemengelage der Religionen: am ganz frühen Morgen die Stimme des Muezzin vom Minaret, die Glocken der Kirche Notre Dame in Pondicherry, auf dem Wege zum Ashram vorbei am Hanuamantempel. Bevölkerungsexplosion, auswuchernde Riesenstädte, erbitterter Sprachenstreit. Die Lehre Gandhis schien vergessen.

Meine Arbeit war schön, groß und beglückend: Entwicklungshilfe, Aufbau von Lehranstalten in Madras, Bangalore und im Gebirge, drei Kulturinstitute. Es waren die unruhigen Jahre 1968-1975. Die Behörde war täglich angefüllt mit Jugendwanderern »Call of the East«. Sie gingen in die Ashrams, zu Gurus und Pseudogurus, deren sich viele auftaten, Rattenfängern, die Geschäfte witterten. Eine Guruschwemme, zum Abebben verurteilt. Nach Indien strebten sie, weit darüber hinaus, rüstiges junges Volk, darunter abenteuerliche Gestalten, weiter nach Asien hinein und darüber hinaus, kaum Geld in der Tasche. Lilien auf dem Felde, Vögel unter dem Himmel.

Indien tat sich mir in seiner Vielfalt auf. Fahrten durch das damals noch ruhige Punjab mit einem Freunde, Sikh-Oberst, auf dem Rücksitz seines Motorrades; er zeigte mir die Sikh-Schreine und die Märtyrergräber. Im Sikhtempel gesessen, wenn zum Gottesdienst Sikhkinder aus dem Grand-Saheeb, dem Heiligen Buch der Sikhs psalmodierten, einer streng monotheistischen Religion. Nahe bei Madras lag Pondicherry mit dem Sri Aurobindo Ashram; mit ihm hatte ich schon während meiner ersten indischen Epoche Beziehung gefunden. Das war 1960 und die »Mutter«, Leiterin des Ashrams, über 80 Jahre alt, spielte Tennis. Häufige Fahrten nach Madras in das nahe Pondicherry. Von Freundesarmen aufgenommen, und anstelle des Studiums trat nun die Unterweisung, das Aufzeigen eines Weges, mühsam und Geduld heischend, wobei das alte Ego sich dazwischen stellt, ehe man die ersten Erfahrungen macht. Die Worte Yoga und Meditation will ich nicht gebrauchen; ich bin unzuständig; auch sind sie durch übermäßigen Gebrauch erschöpft. Es werden Erfahrungen gemacht, die nicht besprochen werden sollen. Nur allererste Anfangsstufen aus dem Weg zum eigentlichen Selbst, an eine Schwelle, die man nicht zu überschreiten wagt, vor der man zurückschrickt wie vor einem weiten, unbetretenem Land. Man lernt sich von außen zu sehen, einen inneren, bisher verschlossenen Kern. Kein leichter Weg, von dem man leicht abirrt, wenn man wieder in Europa ist. Der Mystiker Tukaram (17. Jahrhundert) ruft aus: »Ich kann mein Denken nicht festigen. Ich kann meine streunenden Sinne nicht festhalten. Ich bin erschöpft. Frieden und Ruhe sind fern von mir.«

Der alljährliche Besuch ist wieder fällig. Fasziniert von der Philosophie Sri Aurobindos, da sie viel westliche Elemente aufgenommen hat, begeistert von der Konzeption des Karma Yoga, einem Yoga der Tat, des Hinaustretens in die Welt, um sie weiterzugestalten. Ein strukturiertes System, eine in sich stimmende Ganzheit. Respekt, ja Verehrung entstehen, aber wiederum einem Zweifel weichend, da der Europäer gegenüber den großen Systemgebäuden vorsichtig geworden ist. Zu viele große Systeme sind vor uns schon zusammengebrochen.

Aber Indien bietet Trost und Hilfe in fast zu großer Fülle. Im Ashram des Maharishi Ramana in Tiruvannamalai (Heinrich Zimmer hat sein Leben und seine Lehre dargestellt) wohnt ein wegekundiger Mensch. Oder ich darf den Meetings von Krishnamurti beiwohnen, mit ihm am Tische sitzen, seinen liebevollen Rat erfahren. Er rückt von den großen Spekulationen ab und spricht von der ständigen »Awareness«, dem vollen Innensein und Gewahrsein der unbeschwerten Gegenwart.

Hölderlin spricht von Jesus Christus als dem »letzten Gesandten«; der Hinduismus hat den Begriff des »Avatar« geschaffen, das ist der Erlöser, der als Retter in jedem Erdenäon herniedersteigt, in neuen Inkarnationen, bis sich ein »Kalpa« gerundet hat. Das ist ein Zyklus von 4320 Millionen Jahren – ein Tag im Leben des Brahma – ein Zeitraum, der den kosmologischen Berechnungen der modernen Physik nahekommt. Nach 36000 solcher Zyklen (ca. 150 Billionen Jahre) geht das Weltall zugrunde. Im großen Weltenschlaf schläft Vishnu und wenn er erwacht, setzt ein neuer Zyklus ein. Die ewige Wiederkehr des Gleichen. Die Frage, inwieweit mythologische Vorstellungen eine Widerspiegelung der Wirklichkeit darstellen, sagt die Wissenschaft, wird niemals beantwortet werden.

Der Höhenflug in solche Dimensionen – weit über des Gedankens Grenze hinaus – läßt uns benommen zurück. Wird Halt gewonnen, wenn wir von einer nahen Verwandtschaft lesen, von einem Sich-Nahe-Kommen unserer altdeutschen Mystik mit der religiösen Tradition der Inder – überliefert in den Upanishaden – von der Nähe der Meister Eckehardts zu Shankara, dem großen Reformer und Wiedererwecker des Hinduismus (ca. 600 n.Chr.)? Mit ähnlichen Worten sprechen sie über Gott als das Attributlose, das letzthin Nichtansprechbare, das »Weiselose«. Hoch und schwer für uns. »Wer diese Rede nicht versteht, der beschwere sein Herz nicht damit«, heißt es. Verstehe ich selbst sie? Spuren im Sand.

Wir aber müssen aus diesen Abstraktionen zurück zu uns selbst, zu unserer Vereinzelung und Kleinheit, zur Erde, zu Indien in seiner gegenwärtigen Gestalt, zu den Indern.

Wie finden wir uns zurecht in dem großen Subkontinent, in seiner wirren Überfülle? Wo ist ein Indien für uns? Ich fand und finde in Indien Menschen, die anders sind als wir Europäer. Die Entfremdung zwischen den Menschen ist aufgehoben, unsere Verkrustung, das Sich-von-einander-Abriegeln ist abgefallen. Die eigene Person wird offener getragen. Gefühle werden gezeigt und erwidert. Das bei uns so rare Geschenk der Freundschaft wird gewährt. Mir wird das zuteil in Auroville, seit Jahrzehnten mein allwinterliches Refugium. Auroville ist eine internationale Siedlung, im Jahre 1968 gegründet mit jetzt ca. 1000 Menschen aus aller Welt, jung und alt; Inder, Franzosen, Deutsche, Holländer, Amerikaner und andere. Vereinfacht dargestellt: Auroville ist ein ökologisches Experimentierfeld mit dem Yoga Sri Aurobindo als Hintergrund.

»Es sollte auf Erden einen Ort geben, den keine Nation als Eigentum beanspruchen kann, wo alle gutwilligen Menschen mit aufrichtigem Anliegen frei als Mitbürger leben, einen Ort des Friedens, der Eintracht und Harmonie..., ein Zusammenleben ohne Hinblick auf die Zugehörigkeit zu einer bestimmten Religion, Nation, Rasse, Kaste, Klasse, wo die Menschheit frei von nationalen Rivalitäten, sozialen Vorurteilen und verengten Konfessionen lebt. Auroville gehört der Menschheit im Ganzen an.«

Worte der »Mutter«, als Charta, als Wegweiser. Der Skeptiker, der auch ich war, sieht, daß aus der baumlosen Steppe ein Garten, eine Parklandschaft geworden ist. Es war ein ausgebeutetes, armes Erdreich, blanker Latherit ohne jede Erdkrume, von Canyons zerrissen, von Monsungüssen ausgewaschen. Drei Millionen Bäume wurden gepflanzt, Brunnen gebohrt, Windmühlen gebaut, dazu Handwerksbetriebe, Gartenbau, Schulen, in die die jungen Tamilen aus den eingeschlossenen Dörfern integriert werden.

Ein Wassertropfen in der Wüste, ein winziges Samenkorn für den riesigen Subkontinent? Hören wir lieber auf Voltaire, dessen Held der Erzählung ›Candide‹ nach allen gescheiterten hochfliegenden Plänen einfach sagt: »Il faut cultiver son jardin.« Den eigenen, uns zugewiesenen Garten heißt es zu bestellen.

Ein alter Mann kehrt ein und versucht, etwas nützlich zu sein. Die in Europa erstarrten Barrieren der Altersgruppen gelten dort nicht. Ich werde als Freund aufgenommen, und Indien in all seiner Fülle mit Armut, Liebe, Nahrung für Geist und Seele umgibt mich dort.

KALKUTTA

Endstation. Bahnhof: Howrah. 1600 Kilometer in 35 Stunden Zugfahrt. Steif und ungelenk verlasse ich den Liegewaggon. Die Müdigkeit wird verdrängt. Die Spannung auf ein Wiedersehen mit Kalkutta steigt.

In einem Menschenstrom treibt es mich den Bahnsteig entlang. Menschen begrüßen sich, lachen, rufen, winken, wie auf jedem Bahnhof. Ein rotgekleideter Träger mit einer blechernen Nummer am Arm möchte mir meinen Rucksack tragen. Ich lehne ab. Von nachdrängenden Menschen werde ich zur Seite geschoben, vorwärtsgestoßen, ich weiche erschöpft stehenbleibenden alten Menschen aus. Ein Mann in blauer Uniform verlangt mein Ticket. Ich gebe es ihm.

Luft holen, inmitten einer zappelnden Menschenflut. Erstmal den Bahnsteig verlassen.

Es ist Mittagszeit. Heiß, manchmal streifen mich leichte Windstöße von an- und abfahrenden Taxis. In 200 Meter Entfernung sehe ich die riesige graue Stahlkonstruktion, das Wahrzeichen Kalkuttas: die Howrah-Brücke. 700 Meter lang, 80 Meter hoch, führt sie über einen Nebenfluß des Hooghly (bengalischer Name für Ganges) und verbindet den größeren Teil der Stadt mit dem Viertel Howrah. Wie vor sieben Jahren erscheint sie mir in ihrem langgestreckten schwärzlichen Schimmer als Rieseninsekt, das sich von einem Ufer zum anderen spannt.

Und das »Rieseninsekt« lockt: ich beschließe, mitsamt Gepäck darüber zu marschieren. Am Weg, auf der anderen Straßenseite, lebt die Armut. Halbnackte Menschen: spindeldürr, dunkelbraune Haut, am Boden hockend strecken sie die Hand aus. Nein. (Nicht zum ersten Mal verweigere ich Almosen. Die Armut Indiens überfordert mich.) Ich gehe vorbei an armseligen Behausungen aus Holz, Lumpen und Plastik. Aus unzähligen kleinen Feuern steigt Rauch empor. Es riecht nach Reis- und Bohnengerichten.

Ich hab den Eindruck, ganz Indien ist auf dieser Brücke unterwegs: da schieben sich doppelstöckige Autobusse vorbei, qualmende zwei- und dreirädrige Transportfahrzeuge. Gepäckträger schleppen vernagelte Holzkisten, eine kleine Büffelherde zockelt daher, gefolgt von einem knarrenden Ochsenkarren, der vollgestopft ist mit Menschen, Körben und Koffern. Frischer Kuhmist wird von Gummireifen zermantscht, einen Schritt weiter duftet es nach Curry, dann wieder stinkt es nach Benzin und Abgasen. Das Verblüffenste aber ist der Lärm: er ist – so paradox es klingt – still. Indische verträumte Augenpaare, mit auf ganz spezielle Art abwesendem Blick; mir engelhaft erscheinende Geschöpfe schwenken Götterfahnen, politische Fahnen; Plastiksäue, deren Zweck mir ein Rätsel ist, baumeln an Leiterwagen; von Hitzschlag getroffene Krähen fallen herab, und ruhig gleiten die dunkelbraunen Wellen des Flusses vorüber. Eine Bambusflöte ertönt. Lichtzeichen gehen nieder und klammern sich an Opiumskelette. Heilige Kühe stapfen durch stinkendes Pestgewässer, Frauen in flatternden Saris berühren das Dritte Auge.

Die Howrah, ein kauendes Maul, das alles aufnimmt und es mit knirschendem Geräusch zermalmt.

Für mich ein Rausch. Unbegreiflich. Auf der anderen Seite wanke ich betäubt und schwitzend durch die Straßen, lasse mich treiben, irgendwohin.

»Sudder-Street«. Die kennt jeder Chauffeur, jeder Rikschafahrer von Kalkutta. Der Straßenname steht für das Viertel Kalkuttas, in dem sich die Touristen-Hotels der billigen und mittleren Kategorie befinden.

Das Paragon-Hotel kenne ich von früher. Auf dem Flachdach ist noch ein Zimmer frei. Eine winzige Kammer mit einem Bett und einem Ventilator auf dem Stuhl. Nach der Dusche trinke ich einen Tschai und erinnere mich an das Gespräch mit dem etwa 45jährigen Deutschen im Zug von Madras nach Kalkutta.

Hans Imtal: Für zwei Monate besuchen meine Frau und ich die Schwiegereltern in Bubhaneswhar. Bin nämlich seit fünf Jahren glücklich verheiratet, zwei Kinder. Lernte meine Frau über ein Inserat kennen, in Indien nichts Außergewöhnliches, bei uns ja auch nicht. Ich hatte genug von den westlichen Frauen. Abgebrochene Beziehungen, eine schiefgelaufene Ehe. Möchte mir nicht mehr den Kopf von Emanzipation vollaffern lassen. Nein, nein, davon hab ich genug. Ich sehnte mich nach etwas Friedvollem, Weichem, nach einer Frau, die ihren häuslichen Job macht, wie ich in meinem das Geld bringe. Wollte eine Frau, die zu ihrem Mann aufblickt, zu ihm steht, ihn stützt und nicht fertig macht, weil ihn das Abspülen nervt und er nicht kochen kann. Kommt nicht mehr in Frage. Was habe ich da alles durchgemacht, mein Gott.

Auf eine indische Frau kam ich, weil ich früher mal das Land bereist hatte, mir gefielen die Frauen Indiens, das Familienleben überhaupt. Da hat alles seinen Platz, ist alles klar. Wie gesagt Indien, die Frauen, besonders die bengalischen Menschen gefielen mir sofort.

Ich lerne ein belgisches Pärchen kennen, das auch auf dem Dach lebt, und zwar schon seit zwei Monaten. Sie, schlank, im Sari, der traditionellen Frauenkleidung Indiens, heißt Lucie. Er, Patrick, großgewachsen, glatt rasiert.

Lucie, 28: Als kleines Kind hab ich schon immer Weltreisen im Kopf gehabt. Überallhin, nur nicht nach Indien. 1978 kam ich mit meinem damaligen Freund nach Indien, um seinen Guru, Ananda Murti, zu sehen. Wenn man wie Ananda Murti, der jetzt auch mein Guru geworden ist, jedes Dogma ablehnt, ist man schon eine Gefahr für die Gesellschaft.

Bei einer Feier wurden einmal spirituelle Lieder gesungen und dazu getanzt. Wie ich das Tanzen gesehen habe, wußte ich, das muß ich lernen. – (Mir fällt die freigehaltene Mitte des Raumes auf, wo sie wahrscheinlich täglich tanzt.) – Bald darauf sah ich zufällig in Madras eine Bharat Natyam Vorstellung, das ist der südindische Tanzstil, da war ich ganz hingerissen, und als sich meine Nachbarin auch noch als die Mutter der Tänzerin herausstellte, wars geschehen.

Bei der Tochter, die hier in Kalkutta lebt, lerne ich seit drei Jahren. Ich komme halt jedes Jahr für drei oder vier Monate nach Indien, denn es ist schon was anderes, indische Tänze in Indien zu tanzen, als bei uns in Europa. – (Was denn anders sei, will ich wissen.) – Im westlichen Tanz wird nur äußere Schönheit produziert. Im Ballett z.B. versucht man den Raum zu überwinden, die Erde zu verlassen. Da man sich von der Schwerkraft befreien will, wird alles nach außen gerichtet, kraftvoll und steif. Der indische Tanz ist ganz anders. Der ist physisch, der reicht von der Erde bis zum Himmel. Zum Beispiel steht am Anfang des Tanzes die Begrüßung. Zuerst die der Götter, dann entschuldigt man sich bei der Erde für das folgende Stampfen mit den Füßen. Aber man ist nun mal Mensch und steht mit den Füßen auf der Erde, die man respektiert, das soll es ausdrücken. Schließlich werden noch der Lehrer und alle Anwesenden gegrüßt. Weißt du, im indischen Tanz stampfst du richtig auf die Erde, mit der nächsten Bewegung oder mit einer ganz feinen Handgeste näherst du dich geistigen Sphären. Wie die gesamte indische Kultur möchte auch der indische Tanz mit Gott, mit allem, was es gibt, in eine feste Beziehung treten.

Auf einem Tischchen stehen kleine metallene Götterfiguren, darunter ragt eine handgroße Bronzefigur hervor: Schiva – Gott der Schöpfung, Erhaltung und Auflösung; hier ist Schiva als Schiva Nataraja dargestellt, als König der Tänzer. Eine Figur, die Bewegung und Stille zugleich ausdrückt. Schiva Nataraja als Metapher für den Kreislauf der Schöpfung und Auflösung, erläutert mir Patrick. Lucie fährt fort:

Beim indischen klassischen Tanz ist ganz wichtig die Hand, die Hand, die erklärt, ablehnt, mitteilt, aussagt, alles von innen heraus. Der indische Tanz will Gefühle ausdrücken, er erzählt von Göttern, von Ärger, von Liebe, Blumen, Tieren, wenn man einige der Gesten kennt, das ist so schön, vor allem, wenn die Tänzerin ihre ganze innere Teilnahme einbringt.

Noch zwei Monate wollen Lucie und Patrick in Kalkutta verbringen, um einerseits ihrem Guru nahe zu sein, andererseits ihre Tanzausbildung zu vervollkommnen. Durch allerlei Jobs in Europa verdienen sie sich das Geld für die alljährliche Reise nach Indien. Sie betrachten sich als lebenslange Tanzlehrlinge.

Kalkutta, die Hauptstadt West-Bengalens, ist eine junge Stadt. 1690 wurden die drei Dörfer Govindapore, Sutanuti und Kalikata durch einen Kaufmann und Agenten der Britischen Ost-Indien-Kompanie zusammengelegt. Kalkutta wurde zur Hauptstadt von Britisch-Indien und zum Sitz des Vizekönigs, bis im Jahr 1911 die Engländer die Hauptstadt nach Delhi verlegten.

1905 teilten die Briten Bengalen in eine östliche, mohammedanische und eine westliche Hindu-Hälfte. Das führte zu Bombenanschlägen und zahllosen Aufständen. 1947 war das Jahr der Unabhängigkeit und Teilung Indiens. Mohammed Ali Jinnah forderte für die Mohammedaner Indiens einen eigenen islamischen Staat. Es kam zu Massakern unter Hindus und Moslems. Überstürzt teilten die Engländer Indien in zwei Staaten: in das hauptsächlich von Hindus bevölkerte Indien und in das moslemische Pakistan. Damit war das indisch-bengalische Kalkutta vom pakistanisch-bengalischen Hinterland abgeschnitten und mußte gleichzeitig riesige Flüchtlingsströme bengalischer Hindus aus (Ost-)Pakistan über sich ergehen lasen.

1971 versuchte sich Ost-Pakistan wegen wirtschaftlicher Benachteiligung von West-Pakistan zu lösen. Die Trennungversuche wurden blutig unterdrückt. Millionen von Flüchtlingen überschritten abermals die nahe indische Grenze und strömten nach Kalkutta, um vor dem wütenden Militär in Ost-Pakistan zu fliehen. Es kam schließlich zu einem pakistanisch-indischen Krieg, den Indien gewann und der für Ost-Pakistan die Unabhängigkeit bedeutete. Der neue Staat nennt sich seither Bangla Desh. Erster Präsident wurde Scheich Mujibur Rahman, der einige Jahre später bei einem Militärputsch ermordet wurde.

Gebückt stehe ich in einem völlig überfüllten Stadtbus mit zwiespältigen Gefühlen im Bauch, denn ich möchte der blutrünstigen Schutzgöttin Kalkuttas, Kali, einen Besuch abstatten.

Die Göttin Kali, Überrest eines Mutterkultes. Kali, auch Durga (»die schwer Zugängliche«) genannt, ist die Göttin, die auf die Erde kommt, um Ordnung zu schaffen, gewalttätig und zerstörend. Vor dem Kali-Tempel überkommen mich Zweifel, ob ich die Stätte besichtigen soll. Überall vermute ich versteckte Feindseligkeiten. Hier werden zweimal die Woche Ziegen geköpft. Der bloße Gedanke wirkt auf Westler abstoßend und faszinierend zugleich. Das wiederum wissen die Kali-Verehrer und wären am liebsten allein während der Tötungen, denn für sie ist das ein notwendiger Vollzug eines Rituals.

Schließlich stehe ich vor dem Heiligtum. Die Göttin Kali ist in bunte Gewänder gekleidet, ihr Kopf ist pechschwarz, sie streckt eine rote Zunge heraus, und um den Hals hängt ihr ein Kranz von Köpfen ihrer Opfer. Um sie mildtätig zu stimmen, werden zweimal in der Woche Ziegen geköpft; früher waren es Menschen. Das Blut der geopferten Tiere vom Vortag färbt das Regenwasser. Es gelingt mir nicht immer, den rötlichen Lachen auszuweichen, an denen streunende Hunde schlecken. Ich fühle mich angewidert, aber auch angezogen von der Faszination des Blutes und des Todes. Verwirrt stehe ich da und schaue auf die Richtstätte aus Holz. Schließlich gewinnt das Unwohlsein die Oberhand.

Ich lege die hundert Meter zu Mutter Teresas »Sterbehaus« zurück. Vor dem unscheinbaren Gebäude: wieder Zweifel. Was soll ich da? Die Neugier ist stärker. Ich klingle. Eine weißblau gekleidete Ordensschwester öffnet und fragt nach meiner Absicht. »Visitor« (Besucher), antworte ich. Sie bittet mich herein, entschuldigt sich für einen Augenblick wegen dringender Arbeit und läßt mich stehen. Nur langsam und unsicher wage ich einen Blick auf die belegten Betten vor mir. Es ist schier unerträglich. Ich habe Entsetzlicheres gesehen, aber noch nie in einer derartigen Atmosphäre langsamen Dahinsiechens gestanden. Die ausgemergelten Menschen, aufgelesen in den Straßen Kalkuttas, aus Abfallhaufen herausgezogen, verstoßene, davongejagte, ausgesetzte Menschen, um die sich niemand kümmerte. Sie werden von Mutter Teresa und ihren Helferinnen aufgelesen, gewaschen, gepflegt, mit einer Mahlzeit versehen, um dann wenigstens noch in Würde zu sterben. Wie oft wird sich das hier abgespielt haben? Ich stehe da und warte. Einige Menschen, die auf Bettgestellen mit weicher Plastikunterlage liegen, haben mich entdeckt, starren mich an. Andere, die merken, daß es etwas zu sehen gibt, richten sich mühsam auf, drehen sich nach mir um und starren mich mit gleichgültigem Ausdruck an. Ich fühle mich ertappt. Ertappt bei der Befriedigung bloßer Neugier. Ich schäme mich. Ich gehe.

Zurück im Hotel treffe ich eine junge Deutsche, der ich vom Kali-Tempel und vom »Sterbehaus« Mutter Teresas erzähle. Neben Lob an Mutter Teresas Werk, hat sie auch Kritik bereit, denn sie hat in einem der Waisenhäuser gearbeitet.

Ilona Melcher, 26, West-Berlin, geboren in der DDR, seit vier Jahren im Westen: Ich wollte als ne Art Samariterin bei Mutter Teresa tätig sein. So arbeitete ich zwei Monate im Kinderheim, länger hab ich das nich ausgehalten. Da ging mir nämlich einiges gegen den Strich. Die holen die Kinder von der Straße, elternlos selbstverständlich, halbverhungert. Jedenfalls peppeln die indischen Schwestern die Kinder wieder auf und stellen sie wieder auf die Straße. Dazwischen, also im Heim, lernen sie nichts gescheiteres als dreimal täglich christliches Beten. Total meschugge. Das heißt doch nichts anderes als vertrau auf Gott, Schicksalsergebenheit, statt ihnen was beizubringen, damit sie ihre Situation verändern könnten. Die Schwestern sind natürlich auch gegen Verhütungsmittel. Die schauen einfach total an den Problemen vorbei. Geschenktes Spielzeug landet im Glasschrank, die Kinder bekommen das nie in die Hände. Aber dafür beten. Nee.

Klar, vieles geschenkte Spielzeug ist zwar gut gemeint, aber oftmals völlig neben den landesüblichen Bedürfnissen. Da kauften zum Beispiel westliche Besucher einen Fußball. Toll, hätte genügt. Aber dann besorgten die zusätzlich Fußballschuhe. Die Kinder im Heim haben noch nie in ihrem Leben Schuhe an den Füßen gehabt. Das Fußballspielen endete in Stolpern und geschwollenen Füßen.

Wie ich nach Indien gekommen bin? Tja, Indien ist schon immer mein Traum gewesen. All die Turbane, Saris, Wüsten und Karawanen. Das erste Mal wars auch totale Romantik. Fünf Monate. Zurück in Berlin dachte ich mir, das gibts nich, da muß es noch ne andere Seite geben. Mir wurde bewußt, daß ich ne Menge Fragen hatte. Jetzt bin ich seit drei Monaten wieder da. Am Anfang hab ich gleichmal so'n christliches Projekt überprüft, das Millionengelder aus der BRD bekommt. Etliches von dem Geld versickert in undurchsichtigen Zuständigkeitskreisen. Was soll man machen? Nichts mehr spenden?

Als nächstes fahr ich runter in den Süden. Von Berlin her kenne ich ein Selbstversorgungsprojekt bei Trivandrum, in Kerala. Das Projekt ist jahrelang von der Aktionsgemeinschaft Solidarische Welt (Berlin) unterstützt worden. Das schau ich mir mal an.

Hundertfünfzig Kilometer nördlich von Kalkutta liegt ein bedeutender Pilgerort: Mayapur. Dort wurde 1486 der Vater der neueren Hare-Krischna-Bewegung geboren: Sri Chaitanya Mahaprabhu. Er lebte 1534 und predigte, es sei ein Weg zum Heil, den Namen des Gottes Krischna zu rezitieren. Diese verehrende Hingabe an eine Gottheit wird Bhakti genannt.

Eines Tages – so erzählt die Legende –, öffneten sich die Tore des Krischna-Schreins in Chaitanya's Kloster, die sonst nur bei besonderen Ritualen aufgeschlossen werden, ganz von allein, der heilige Mann schritt in das Heiligtum hinein und ward nicht mehr gesehen.

In einer weltlichen Biografie wird Sri Chaitanya Mahaprabhu nachgesagt, er habe am Rande des Wahnsinns gelebt (was immer das heißen mag), und nach dieser Version soll er in Puri, einem heiligen Ort am Meer, im Bundesstaat Orissa, ertrunken sein.

Die Nachfolger Chaitanyas verbreiteten, gestützt auf die alten Schriften (die Veden), seine Lehre, das Bhakti, weiter.

Einer dieser Nachfolger wählte 1936 einen seiner Schüler, Prabhupada (»Füße des Herrn«), geboren 1896, aus, das Krischna-Bewußtsein im Westen zu verbreiten. Dieser Prabhupada war Industriedirektor und Familienvater. Erst 1950 zog er sich vom weltlichen und familiären Leben zurück, lebte als Einsiedler und legte neun Jahre später das Mönchsgelübde ab. Dann, 1965, also im Alter von 69 Jahren, ging Prabhupada – inzwischen »Swami« (Herr, Geistlicher) genannt – in die USA, um ein Jahr später die Krischna-Zentren in New York und San Francisco zu gründen. 1977 ist Swami Prabhupada gestorben. Seither hat die Hare-Krischna-Bewegung immer wieder Nachfolgeprobleme.

Mein Hotelnachbar gehört der Hare-Krischna-Bewegung an. Es riecht nach Räucherstäbchen, Orchideenaroma, an den Wänden hängen zwei Krischna-Abbildungen. Mein vollständig in Weiß gekleideter Gastgeber bietet mir Zitronenwasser an, das ich gerne annehme, und beginnt zu erzählen.

James Donald (das ist nur sein weltlicher Name, den spirituellen habe ich vergessen), 32, Schottland: Ich bin katholisch erzogen worden und wollte schon als Kind Pfarrer werden. Meine Eltern, sie hatten insgesamt sieben Kinder aufzuziehen, unterstützten die Idee. Ich habe auch als Heranwachsender nichts Außergewöhnliches daran gefunden, mein Leben der Religion zu widmen. Mit 18 habe ich dann den heftigen Wunsch gehabt, nach Indien zu reisen. Einfach so. Die Drogen reizten mich. Mit drei Freunden ging es los. Geldknappheit verkürzte dann aber unseren Weg. So bereisten wir nur Kleinasien. Zuerst die Türkei und Syrien. Dann sahen wir Palästina mit seinen heiligen Orten. Den Berg Golgatha bestiegen wir vollkommen bekifft. Ich versuchte, auch meinen Drogenkonsum in mein christliches Weltbild miteinzubauen. Ich hatte zu der Zeit den Eindruck gewonnen, irgend etwas fehle im Christentum. Es sei nicht rund, sondern eckig, und das mißfiel mir irgendwie. Zurück in Schottland lernte ich in Glasgow die Hare-Krischna-Bewegung kennen. In deren Mitte stieg ich langsam aus den Drogen aus und in die Bewegung ein. Meine Religiosität war wieder – diesmal wohl endgültig – durchgebrochen. Ich entdeckte, daß die heiligen Veden ein viel tieferes und breiteres Glaubenszeugnis sind als die Bibel. Ein wichtiger Punkt, der mich vom Christentum entfernte: im Katholizismus hat man die Wahl, Priester zu werden oder nicht, also zölibatär zu leben oder geschlechtlich. In den Veden schließt eine Ehe spirituelles Leben nicht aus. Es ist aber nicht so, daß im hinduistischen Glauben alles rein sei. Im Gegenteil: gerade das Erscheinungsbild des heutigen Hinduismus ist vollkommen dekadent. Die Veden, die heiligen Schriften, werden nicht mehr eingehalten. Am allerwenigsten von den Brahmanen (Priestern) und Gläubigen im Kali-Tempel, die Tiere opfern. Überhaupt ist das ganze Kastensystem in seiner heutigen Ausformung verwerflich. Von einer Vererbung der Kastenzugehörigkeit steht nichts, überhaupt nichts in den alten Veden.

In Indien lebe ich seit rund zehn Jahren. Seit drei Jahren leite ich einen Tempel in Delhi. Ich habe das gefunden, wonach ich gesucht habe. Zurück nach Schottland möchte ich nicht mehr. Wenn ich dort so rumlaufe wie hier, halten die mich doch für übergeschnappt. In Indien ist es leichter. Vor zehn Jahren wurden allerdings auch noch Steine nach uns geworfen, hat man uns angespuckt, das ist vorbei. Wir haben einen guten Ruf, man hat gesehen, daß wir kein zügelloser Hippiehaufen sind, sondern ernsthaft unser ganzes Leben Krischna oder Gott weihen.

Auf dem spirituellen Weg sein bedeutet: keine Drogen nehmen, keinen Alkohol, keinen Fisch, kein Fleisch, keine Eier essen, nicht rauchen, keinen Kaffee und keinen Schwarztee trinken. Das ist eine andere Jüngerschaft als die von Rajneesh, die auch spirituelle Jünger sein wollen – die leben doch wie egoistische Hunde. Unser Leben dagegen ist: Sauberkeit im Geist, am Körper, im Tun und Handeln, alles in Einklang mit den heiligen Veden. Das ist unser Leben.

Vielen Westlern ist Kalkutta schon nach einem Tag unerträglich. Kalkuttaliebhaber/innen findet man kaum. Um so überraschter war ich, als ich (nach einem meiner täglichen Gespräche mit meinem Zimmernachbarn James) doch eine traf, die dem Charme dieser Stadt erlegen war. Sie saß auf einem Stuhl vor ihrer Zimmertür.

Monika Knienieder, 30, Österreich: Bin das erste Mal in Indien. Bin direkt nach Kalkutta gflogn. Drei Monat bin i scho da. Mir gfallts. A herrliche Stadt. Gschockt war ich nicht. Nein, so leicht schockt ma mich net. Da brauchts scho was. Kalkutta is a net die erste asiatische Stadt. I war vorher schon in Hongkong, Manila und Singapur. Aber Kalkutta war eine meiner Wunschstädte. Schon als Kind habe mir immer so schön klingende Namen ausgsucht und dann in der Phantasie damit gspielt.

I reis immer in Abständen von fünf Jahren, dann solang wie i nur kann. A Jahr diesmal, hoffentlich. Die Stadt is genauso, wie i mir des vorgstellt hab. Aber genauso. Hab vorher Bücher drüber glesen, da habe a Vorstellung drüber gkriegt, bin herkommen und so wie i mir des vorgstellt hab, wars a. Drum ware a net gschockt, a bisserl vielleicht, die ersten zwa Wochen war i unsicher, hab net gwußt, wie ich mich die Bettler gegenüber verhalten soll. Wen was geben, wen nix. Wer macht a Theater, wer nicht. Des hat scho a Zeit braucht, da durchzublicken. Wenn i mal gut essen gangen bin, habe auch gleich a schlechtes Gwissen ghabt. Ich ess da und die habn nix. Aber jetzt habe mein Weg gfunden. Jetzt weiß i mich zu verhalten. Da muß ma total umdenken, sonst kommt ma überhaupt net durch. Ebn, vom schlechten Gwissen zu kein Gwissen. Die reichn Inder scheißen se doch a um nix, des is halt Karma, wenn der ander nix zum Essen hat. So ungefähr, dann muß ma halt a manches ignorieren, wennst des net fertig bringst, reibst de auf in dem Land.

Sonst habe keine Schwierigkeiten. I bin nämlich wurzellos. Die habe mir ausgrissen, die Wurzeln. Schmerzhaft wars schon, aber auch notwendig. Mit der Familie hab i Probleme ghabt. Aber seit i hier bin, gehts mir schon wieder besser, körperlich und psychisch. Hier fühl i mich wie zu Haus. I mag halt die asiatischen Menschen. Mit Österreich habe im Moment gar kein Kontakt. Der fehlet mir noch. Ein Brief meiner Mutter etwa. Nana, i darf gar net dran denken. Jahrelang hat sie mich zurückgewiesen, jetzt, wo ich mich von ihr abgwendet hab, laßt sie mir keine Ruh mehr. Möcht alte Fehler gutmachn, nur jetzt mag i nimmer. I will mei Ruh.

Mehr über ihre familiären Probleme erzählte Monika Knienieder nicht. Mit wieviel Leichtigkeit, Schwung, auch Angeberei begann diese Aufenthaltsgeschichte und am Ende ist sie wegen familiären Problemen nach Asien geflohen.

Es folgte eine längere Pause. Dann berichtete mir Monika von ihrer »täglichen Arbeit«. Freiwillig hilft sie zwei Kilometer weiter einem englischen »Straßenarzt« bei seiner Tätigkeit.

Am nächsten Tag, kurz vor der Mittagspause, Monika hat mir einen Lageplan hinterlassen, stehe ich vor der »Straßenpraxis«. In einem reicheren Viertel, also in einer sauberen Straße, hat dieser »Straßenarzt« sein Quartier aufgeschlagen. Auf dem Gehsteig, in aller Öffentlichkeit: ein Provisorium aus gestapelten Holzkisten und Pappschachteln, in denen sich Kleider, Medikamente, Decken und Nahrungsmittel befinden. Vor Sonne oder Regen schützen ein paar gespannte graue Plastikplanen. Still und geduldig hocken in einer geordneten Reihe ausgemergelte Frauen, Kinder, Männer, und warten auf ihre Behandlung. Aus dieser Ansammlung von Elend stechen drei Personen heraus: Monika Knienieder, meine Nachbarin, sie kramt Tabletten hervor, Kleider, Stoffe und kleine Seifen, die den Patienten mitgegeben werden; dann der »Straßenarzt«, ein schlanker Mann, Halbglatze, graumeliertes Haar, sein Alter schätze ich zwischen 45 und 50; der Dritte im Bunde ist ein kleiner dunkelhäutiger Bengale, der anscheinend übersetzt. Er ordnet auch die Warteschlange der Menschen und verteilt dampfendes Gemüse und Reis aus zwei Blechkesseln.

Dr. Jack Preger, England: 1971 – der pakistanisch-indische Krieg. Unmittelbar danach arbeitete ich von 72-74 in einem Flüchtlingslager im neugegründeten Staat Bangla Desh. Nach einer kurzen Rückkehr ins englische Heimatland, arbeitete ich bald wieder in Bangla Desh, diesmal für andere Organisationen. Das ging bis 1979, dann wurde ich rausgeworfen. Grund: ich habe den illegalen Export von Kindern durch eine holländische Company aufgedeckt und es der Regierung von Bangla Desh mitgeteilt. Hohe Regierungsbeamte waren an diesem Handel finanziell beteiligt. Denen war natürlich nicht an einem Auffliegen dieses Geschäfts gelegen.

Ich ging dann nach Indien, nach Kalkutta, also ins indische West-Bengalen und arbeitete in der Nähe der Howrah-Brücke. Dort gibt es auch heute noch viele Flüchtlinge aus Bangla Desh. »Warum sind Sie ausgerechnet nach Indien, bzw. Kalkutta gegangen?« fragte ich. Ich wollte in Asien bleiben und den Menschen nahe sein, denen ich sieben Jahre lang geholfen hatte.

Dort an der Howrah-Brücke habe ich sieben Jahre lang elternlose und streunende Kinder verpflegt, einschließlich Bangla-Desh-Flüchtlingen. Amerikanische, irische und walisische Missionen haben das finanziell unterstützt. Darum läuft seit 1981 ein Prozeß gegen mich. Der Gesetzgeber sagt, da ich Geld von Missionen angenommen habe, habe ich gegen meinen Visumstatus verstoßen. Ich hätte ein Missionarvisum beantragen sollen. Zuerst wollten die Behörden mich nach England ausweisen, ich war damit auch einverstanden, da änderte die Regierung West-Bengalens in letzter Minute ihre Meinung und strengte einen Prozeß gegen mich an. Es folgte ein typisch indischer Papierkrieg, der langsam aber sicher ins siebte Jahr geht. Zwischendurch war ich auch mal im Gefängnis, dann stellte sich heraus, daß ich dem falschen Gerichtshof zugeteilt worden war, fehlende Papiere wurden erst mit Verspätung von anderen Büros zugeschickt, andere Unterlagen fehlen bis heute, und manches verschwand auf Nimmerwiedersehen. Ich wurde gegen Bürgschaft von Freunden aus Europa und Indien freigelassen, und es dauerte annähernd fünf

Jahre, bis die west-bengalische Regierung die Papiere gegen mich beisammen hatte. In der Zwischenzeit bin ich nun seinerseits aktiv geworden und wehre mich. Es ist in erster Linie die unglaubliche Ungerechtigkeit gegen die Armen, die mich hier hält. Die Versorgung der Armen seitens der Regierung ist so aberwitzig, so unbeschreiblich schlecht, daß ich eine weitere Deportation nicht mehr annehmen würde. Dazu hat die Regierung kein Recht mehr. Sie haben zwar das Gesetz auf ihrer Seite, und die Polizei, aber nicht das moralische Recht, mich zu deportieren. Angesichts der Armut und der Ungerechtigkeit ist es die Regierung, die vor Gericht gehört.

»Wenn Sie von hier in der Middleton Row, wo Sie jetzt als Straßenarzt arbeiten und ausschließlich von Spenden leben, weggehen, wer wird sich um Ihre Patienten kümmern?« fragte ich ihn. Bestimmt nicht die Regierung. Es würde passieren, was in Bangla Desh folgte, als ich mein Patientenkreis verlassen mußte. An die hundert Kinder, die ich versorgt hatte, wurden auf die Straße gestellt und viele verhungerten, das habe ich aus sicherer Quelle erfahren. Hier wäre das nicht anders. Nimm mal einen Armen, der mit einem Beinbruch ins Krankenhaus eingeliefert wird. Anstatt das Bein zu retten, wird es amputiert, weil die höherkastigen Ärzte nicht wollen, daß ein Armer Monate im Staatshospital liegt. Die Krankenhäuser sind zwar kostenlos, trotzdem fürchten die Armen, dort eingeliefert zu werden. Einmal werden sie als Unterkastige behandelt, d.h. manchmal überhaupt nicht, außerdem kann es sein, daß sie gegen ihren Willen sterilisiert werden, was den Ärzten pro Fall 15 Rupien Taschengeld bringen würde. So siehts auf dieser Seite Indiens aus.

Er arbeitete weiter, eines Tages wird der Prozeß eröffnet, ein Urteil gefällt, aber das ist heute nicht das Problem. Jack verabschiedet sich. »Entschuldigung, aber ich muß wieder an die Arbeit, meine Patienten warten.«

Die Inder legen sich – in der Regel – früh schlafen. Das ist Tradition. Es heißt, nachts gingen die bösen Geister um. Sogar in Großstädten geht man zeitig schlafen. Bei uns im Westen wurde seit dem 19. Jahrhundert die Nacht mehr und mehr zum Tag. Indien erlebt nun ähnliches.

So kommt es, daß ein kleiner Teeladen in der Nähe des Hotels um 22.00 Uhr gerammelt voll mit Touristen ist. Dort fiel mir schon beim ersten Besuch ein schwer einzuordnender Mann auf. Mittelgroß, dunkle tiefe Augen, geschwungene Nase. Ich sah ihn jeden Abend. Dieser Fremde wurde nie von jemandem angesprochen, er suchte auch kein Gespräch, er trank seine Tasse Tee, bezahlte und verschwand wieder.

Einmal mußte er sich an meinen Tisch setzen, weil sonst kein Platz mehr frei war. Diese Gelegenheit ließ ich mir nicht entgehen. Wir kamen ins Gespräch und trafen uns häufiger.

N. N.: Ich habe im Krieg gegen Ägypten mitgekämpft und gesehen, wie manche aus meiner Einheit neben mir fielen. Obwohl auch ich immer im größten Kugelhagel war, blieb ich unverletzt. Ich bin auf dem Lande aufgewachsen, und ich glaube, die dort entwickelten Instinkte und ein starker Wille haben mir damals geholfen, zu überleben. Mit 19 Jahren habe ich Fürchterliches erlebt, grauenhafte Verstümmelungen, ich habe noch das Stöhnen und die Schreie der Schwerverletzten im Ohr, ich sehe noch die letzten Zuckungen der Sterbenden.

Einmal fuhr ich mit einem Mannschaftswagen auf eine Mine. Ringsum Tote und Verletzte. Ich bekam keine Schramme ab. Eines Tages passierte es doch. Ausgerechnet in Friedenszeiten geriet ich in einen Hinterhalt eines Kommandos von Palästinensern und wurde schwer verletzt. Aus dem Krankenhaus wurde ich halbseitig gelähmt entlassen. Mein Kampf schien vorüber. Ich konnte es nicht glauben, ich wollte es nicht glauben, wollte es nicht hinnehmen.

So ging ich auf die Suche. Auf die Suche nach einem Wunder, auf die Suche nach Heilung, halbgelähmt wie ich war.

Eines Tages traf ich einen Magier. Der gab mir den Rat, an einen bestimmten Ort zu gehen. Den Namen sag ich nicht. Ich ging an diesen einsamen Ort und führte ein primitives Leben. Halbgelähmt. Ich mußte alles selbst machen, kilometerweit einkaufen gehen, kochen, einfach alles. Da war ich wieder im Kampf. Im größten Kampf meines Lebens. Ich gab alles hin, alles – und ich habe gewonnen. Ich wurde wieder gesund.

Mit fortschreitender Besserung meines Gesundheitszustandes unternahm ich immer größere und längere Bergtouren. Einmal hörte ich jemand auf der Flöte spielen. Das war wie Zauber. Unbeschreiblich. Ich schwor mir, wenn ich wieder gesund würde, dieses Instrument spielen zu lernen.

Nach drei Jahren war ich wieder gesund. Und eines Tages habe ich den Magier wieder getroffen. Ich wollte ihm alles Materielle geben, alles was ich hatte. Er lehnte ab. Er erkundigte sich nach meinem Tun, nach meinen Plänen. Ich erzählte ihm die Flötengeschichte. Er hörte aufmerksam zu und hörte meine Frage heraus: wo soll ich es lernen; anders kann ich es mir nicht erklären, denn er schaute lange vor sich hin, dann sagte er Indien, darauf Kalkutta, dann erhob er sich und ging davon.

DIE HIMALAYAS

Inder, Nepalesen und Tibeter sprechen von der »Götterversammlung«, den Himalayas, immer im Plural, während wir westlichen Menschen den Singular benutzen. Für die Bewohner ist der riesige Gebirgszug der Thron der Götter. Himalaya ist ein Sanskritwort und bedeutet: Heimat des Schnees. Der höchste Berg der Welt, im Westen bekannt als Mount Everest (benannt nach Sir George Everest, der von 1823-43 die Vermessung Indiens durch die Briten leitete), heißt seit alters her auf tibetanisch: Jomo-lungma – Göttinmutter der Länder. Alle gläubigen Hindus und Tibeter halten die Besteigung des Berges für eine sträfliche Entweihung. Für die Hindus symbolisieren die Himalayas die göttlichen Kräfte in ihrer höchsten Manifestation.

In diesem gewaltigen Gebirgszug entspringen auch einige wichtige Flüsse: der Indus, der Brahmaputra, der Stuley und die für die Hindus heilige Ganga.

Als ich mit 22 Jahren das erste Mal nach Indien und Nepal reiste, hatte ich von der symbolträchtigen Bedeutung der Himalayas keine Ahnung. Wie viele andere suchte ich damals das Paradies, das Abenteuer. Ich glaubte, irgendwo dort hinten sei das Leben noch »echt«, dort sei das Leben überhaupt. Im Rückblick würde ich heute sagen, daß ich damals gierig war nach äußeren Erlebnissen. Unbemerkt hinkten die inneren Erlebnisse hinterher. Asien, bzw. Indien verstand ich auch dann erst einigermaßen, als ich mich mit dem Weltbild des östlichen Menschen auseinandersetzte.

Das Gottesbild der Inder wurzelt im Hinduismus. Indien begreift man nicht ohne Kenntnisse dieser Religion.

Im Hinduismus gibt es keinen Religionsstifter, keine festumrissene Dogmatik und keine bedingungslosen Vorschriften, wem aus dem Götter-Pantheon der Vorzug zu geben ist, denn alle lehren das gleiche. Welches Mittel zum Heil angewendet wird, bleibt gleichfalls jedem einzelnen überlassen. Es gibt Hindus, die

Fleisch essen, es gibt andere (und das ist die Mehrheit), die Vegetarier sind.

Ein wesentlicher Unterschied zu anderen Religionen: Der Hinduismus betreibt keine Mission in fremden Ländern, er ist eine spezielle Erscheinung Indiens und will das auch bleiben.

So bezeichnen die Hindus ihren Glauben als »sanatana-dharma«, als »ewige Religion«. Damit ist gemeint, daß zu allen Zeiten weise Männer (Frauen offensichtlich nicht) und göttliche Inkarnation aufgetreten sind, um alte Wahrheiten neu zu formulieren.

Für die Hindus ist der Kosmos im Großen wie im Kleinen ein geordnetes Ganzes. Darin wird der Mensch beherrscht von einem ethischen und sittlichen Weltgesetz (dharma). Das Schicksal des Menschen ist das Ergebnis seiner Taten in früheren Leben.

Von der Entstehungsgeschichte des Hinduismus weiß man recht wenig. Vor 4000 Jahren drangen aus dem Nord-Westen die Arier in das Stromgebiet des Indus ein. Dabei stießen sie auf die hochentwickelten Kulturen von Mahenjo-Daro und Harappa. Was zum Niedergang dieser Kulturen führte, weiß man nicht, Kriege oder Naturkatastrophen, jedenfalls erwiesen sich die Arier als die robusteren Menschen, vermischten sich mit der vorgefundenen Kultur und durchdrangen sich gegenseitig. Das war der Anfang des »sanatana-dharmas«.

Hardvar

Hardvar ist deshalb ein besonderer Ort, weil hier der Ganges (die heilige Ganga für die Inder), nachdem sie wild und jugendlich von Himalayas herabstürzt ist, nun ruhiger und gesammelter in die weite Ebene hinausströmt.

Außerdem ist Hardvar zusammen mit Allahabad, Ujjain und Nasik Schauplatz eines der wahrscheinlich ältesten, mit Sicherheit größten Feste der Welt: Die Kumbha Mela. Die große Kumbha Mela wird alle zwölf Jahre abgehalten, die kleine Kumbha Mela findet dagegen alle drei Jahre statt. Zur Entstehung dieses Festes erzählt die Legende, daß vor undenklichen Zeiten die Götter und Dämonen glaubten, daß in den Meeren viele Gegenstände mit magischen Kräften verborgen seien. Man müßte das Wasser nur kräftig aufrühren, um sie an die Oberfläche zu bringen. In der Regel waren Götter und Dämonen miteinander verfeindet. Nun beschlossen sie, ihre Kräfte zu vereinen und die geborgenen Schätze zu teilen. Als die Meere bis auf den Grund aufgewühlt wurden, stieg ein kostbarer Gegenstand nach dem anderen in die Höhe. Der Himmelswagen, der Wunschbaum, das fliegende Pferd und viele andere Schätze wurden friedlich geteilt. Als jedoch das goldene Gefäß mit dem Unsterblichkeitstrank aufstieg, wollten sowohl Götter wie Dämonen diesen Kelch für sich behalten. Es kam zum Kampf. Nach zwölf Tagen gelang es den Göttern, das Gefäß in ihren Besitz zu bringen. Während der Flucht vor den dämonischen Verfolgern fielen vier Tropfen des Unsterblichkeitsnektars Amrita auf der Erde: zuerst auf Hardvar, dann auf Allahabad, Ujjain und Nasik.

Die große Kumbha Mela findet statt, wenn alle zwölf Jahre die Sonne in das Sternzeichen des Widders eintritt und Jupiter gleichzeitig im Wassermann steht. Dann besitzt das Wasser – so glauben die Hindus – in diesen vier Orten (besonders in Allahabad) vorübergehend die Zauberkraft des Unsterblichkeitsnektars Amrita. Badet man an diesem Tag, zu bestimmter Stunde, so ist – nach den heiligen Schriften – die Befreiung aus dem Zyklus der Wiedergeburt sicher.

An der großen Kumbha Mela im Frühjahr 1986 in Hardvar haben rund drei Millionen Menschen teilgenommen. Manche der Pilger waren monatelang, andere jahrelang unterwegs, zu Fuß, mit dem Ochsenkarren, mit Kamelen oder gar mit einem Elefanten. Unter den Gläubigen befinden sich immer ein paar hundert Westler, die den verschiedensten Sekten angehören. Wenn man überhaupt mit solchen Menschen ins Gespräch kommt, sind die Antworten meist sehr kurz.

»Sie sind aus dem Westen?«

Bedächtiges Nicken.

»Und leben schon seit Jahren in Indien?«

Ansatzhaftes Nicken.

»Als wandernder Sadhu in Nordindien?«

Fast nicht mehr wahrnehmbares Nicken.

»Warum?«

Schweigen.

Einer gab auf die Frage: Warum Indien und warum er den Ort Hardvar als seinen Aufenthalt ausgewählt hat, folgende Antwort:

»Warumwarumwarum. Weil ich mich einer schonungslosen Selbstprüfung unterziehe, und ununterbrochen meine Gedanken beobachte, dazwischen mal vor Schreck und Erschöpfung zusammenbreche, aber immer wieder von vorne beginne, abermals zusammenbreche, wieder von vorne beginne – nur so wird man Seher.«

Danach machte er mir klar, daß ich ihn nun mit weiteren Fragen verschonen möchte. Was ich auch tat. Seinen schlanken Körper hatte er in orangene Tücher gehüllt, dunkle Haare, dunkler Bart. Die drei auf die Stirn gemalten Vertikalen zeugten von der Vischnuzugehörigkeit.

Rishikesh

Flußaufwärts, nicht weit von Hardvar entfernt, liegt ein anderer Pilgerort: Rischikesh. Ort der Seher, Eingeweihten, Heiligen und Weisen. Rischikesch gilt als die Hochburg der Gurus. »Rischi«, ein Sanskritwort, heißt Seher, Dichter.

Es wird erzählt, daß die Söhne Brahmas (Herr des Alls), bei der Schöpfung der Erde mitwirkten und den Menschen den Veda brachten. Man unterscheidet vier Veden: 1. den Rigveda, den Veda der Verse. 2. den Samaveda, den Veda der Lieder. 3. Yajurveda, den Veda der Opfersprüche. 4. den Atharvaveda, den Veda des Atharvan, eines mystischen Feuerpriesters. Es soll auch noch einen fünften Veda gegeben haben, der verloren ging. Alle Veden wurden den Rischis in tiefer Kontemplation enthüllt.

Früher muß Rischikesch eine reine Mönchsstadt gewesen sein. Seit den dreißiger Jahren und vor allem seit den sechziger Jahren dieses Jahrhunderts ist Rischikesch zu einem Wallfahrtsort auch westlicher Sucher geworden. Berühmt geworden ist der Besuch der Beatles im Jahre 1967 im Ashram Sri Maharishis. Sri Maharishi eröffnete 1962 eine Meditationsakademie in Rischikesch und seine TM-(Transzendentale Meditation)Lehre wurde weltweit berühmt. Sein Hauptsitz ist mittlerweile am Vierwaldstättersee in der Schweiz. Von dort aus bringt er sich immer wieder mit Vorschlägen zu einer Weltregierung in Erinnerung.

Eine echte Sucherin ist Umashankar, ihr weltlicher Name ist Rosi Schmitt. Sie stammt aus der BRD und kam Ende der fünfziger Jahre das erste Mal nach Indien, um bald darauf für immer dort zu bleiben. Umashankar lebt jetzt in einer gut ausgebauten Höhle am Hang eines Berges.

Umashankar: Ich habe 26 Jahre in Indien gelebt und studiert. Auch in Indien ist die Welt überall schön, wo der Mensch mit seiner Qual nicht hinkommt. Um diese Schönheit zu erkennen, muß man aufhören, Mensch zu sein. Man muß entweder eins sein mit der Natur, den Tieren, oder mit den himmlischen Wesen, Ja, du kannst alles Wunderbare träumen und wirst doch übertroffen von dem, was du mit offenen Augen schauen kannst. Diese Wunderwelt ist wie alle Feenwelten verschlossen, versiegelt, weil sie halt scheu ist wie ein Kind oder eine Jungfrau, die um das Glück der Unschuld fürchtet. Die allzerstörerische moderne Welt dringt überall vor und verursacht die schlimmen Schatten des Lichtes, über die man nicht gerne spricht. Es ist besser, man weicht aus. als seine kostbare Lebenszeit mit dem Schattenkampf zu vergeuden. Ausweichen kann man in Indien. Indien hat allein landschaftlich von Eisgletschern bis zum Tropenwald einschließlich Wüsten alles, was das Herz begehrt. Die wunderschönen Gegenden des Himalaya, die »von den Göttern bewohnt sind«, werden von altersher verehrt. Die Felsen. Wie ewig und wetterfest sie sind, was sie schon alles wissen und gesehen haben, wie geborgen man sich bei ihnen fühlt. Die ewige Musik der Ganga und des Windes, wie die Bäume stehen und beten mit all ihren Blättern, wie sie leben und wachsen. Auch der Schreckruf des Wildes ist da, wenn der hungrige Leopard auf Schleichwegen ist. Aber vorsichtig müssen wir sein, wenn ein Mensch kommt.

In Südindien sind die Menschen friedlicher. Immer muß ich feststellen, daß Indien nicht entdeckt ist. Vielleicht ausgeplündert und mißverstanden. Schon die südindische klassische Musik ist eine Welt für sich. Gott sei Dank muß man nicht nach Worten singen und spielen. Noten gibt es nur zur Referenz. Man kann alles auswendig und hat die Hälfte davon selbstschöpferisch zu gestalten. Die vielen verschiedenen Ragas und Talas, die es gibt. Wie armselig, daß im Westen nur der Jazz selbstschöpferisch ist.

In Indien gibt es das seit Jahrhunderten. Um das alles zu verstehen, braucht man natürlich ein längeres Visum. In sechs Monaten kann man keine rechte Indienkenntnis bekommen. Man muß Geduld lernen und allen Hochmut ablegen. Auch der Körper muß sich an das Klima gewöhnen. Gott sei Dank braucht man hier nicht so viele Kleider wie im kalten Klima. In Indien hat man leicht Familienanschluß und wird umsorgt von Vätern und Müttern, Brüdern und Schwestern. Man muß natürlich auch lernen, was man tun darf und was nicht.

Der Hinduismus ist die seit Menschengedenken älteste Kultur der indogermanischen Völkerfamilie. Das haben wir in der Schule gelernt. Bevor die Germanen besiegt und missioniert wurden, gab es die selben Feuer-Opferstätten, die es jetzt noch in Indien gibt. Eine haben wir auf einem Schulausflug besichtigt. Wir wissen ja jetzt, daß das christliche Missionssystem die Werte alter Kulturen zerstört hat. Gott sei Dank konnte das in Indien nicht ganz passieren. In Amerika hat die christliche Mission am schlimmsten gewütet. Hoffentlich bereut man das jetzt. Deswegen machen sich viele ernstlich denkende »Schäflein« selbständig, auf Gedeih und Verderb.

Verglichen mit dem Hinduismus ist das Christentum nur 25 Pfennig von der Mark. Davon haben die Leute keine Ahnung. Ich hätte auch keine, wenn ich in Deutschland in dem Gestank sitzengeblieben wäre. Weil mein geistiger Weg mich nach Indien führte, bin ich hier und ich habe es nicht bereut. Mit Gottes Hilfe fand ich mehr, als ich hätte träumen können. Ich kann die Leute verstehen, die es immer wieder nach Indien zieht.

Die Inder zieht es eher nach Deutschland wegen dem technischen und wirtschaftlichen Fortschritt. Davon könnte Indien etwas brauchen, aber es sollte sein liebenswürdiges Gesicht nicht verlieren. Uns zieht es nach Indien, weil wir gesehen haben, daß der Wettbewerb im Fortschritt nicht zum wahren Glück führt. Das innere Glück verkümmert und verhungert. Was Glück und Liebe ist, wissen die Menschen nicht mehr. Das Geld ist die schlimmste aller Drogen, mit der schlimmsten Abhängigkeit. Der Mensch ist so unglücklich und steckt alles mit dem Unglück an. In Indien gibt es noch Menschen, die wissen, wo das echte Glück steckt.

Alles vergessen kann man in der Musikakademie in Madras bei

den Hauptmusikfesten. Man hört die wunderschöne Musik, ist entrückt bis die Tränen fließen, dann ist die Seele wieder repariert.

Umashankars Alter ist schwer zu schätzen. Über Vierzig bestimmt. Die Tropen lassen einen schneller altern. Andererseits hat sie das Gemüt und Staunen eines Kindes behalten. Umashankar spricht und denkt in Hindi und Sanskrit, zwei Sprachen, die sie fließend beherrscht.

Bei einer ganztägigen Wanderung mit Umashankar, sie führte mich bergauf und bergab, trafen wir einen Sadhu, den ich für einen Inder gehalten hätte – asketischer Körper, verfilztes Haar, Lendenschurz, Schivas Dreizack in der Hand, große ruhige Augen –, hätte ihn meine Begleiterin nicht als einen »ehemaligen« Holländer vorgestellt. Ihre Anwesenheit machte in gesprächsbereit.

Jan: Wollte nur mal kurz schauen, soviel Freunde sind schon in Indien gewesen und haben die seltsamsten Sachen erzählt. Eines Tages war ich da und bin es immer noch. Zwölf Jahre. Ich verlaß das Land in diesem Körper nicht mehr, soviel ist klar. Mensch, ich hab hier gefunden, ich hab soviel gefunden. Irgendwo steckt doch in jedem Menschen die Frage nach dem Sinn des Lebens, wohin, woher etc. In Indien bin ich drauf gekommen, daß diese Fragen das Wichtigste in meinem Leben sind. Daß das mein Leben überhaupt ist. Wußte das vorher nicht, das Christentum hat für mich anscheinend keine befriedigenden Antworten gehabt. Anders der Hinduismus. Der ist ein Geschenk an die Menschheit. So etwas wie Sünde gibts im Hinduismus nicht, also brauchts auch keine Erlösung und keinen Opfertod, komisch und überflüssig genug. Im Hinduismus, übrigens auch im Buddhismus, hat sich jeder einzelne selbst aus seiner Unwissenheit und Verblendung hochzuhieven. Nur, wenn jeder Einzelne sich bessert, wird die Welt anders. Bei dir und niemand anderem anfangen mit Gewaltlosigkeit, Ehrlichkeit, Reinheit.

Irgendwann kommst du auch drauf, daß alle sogenannten materiellen Erscheinungen etwas Geistiges sind. Da ist nichts Gemachtes. Materie gibt es nicht. Materie ist eine Geistkonstruktion. Alles ist etwas ununterbrochen Werdendes, wenn du genau hinschaust. Ist ja auch egal, ob die Menschen das nun erkennen oder ob sie das für Spinnerei halten. Es ist so.

Bei meinem letzten Spaziergang bei Rishikesh traf ich Mauro. Sein indischer Guru war vor einigen Monaten gestorben. Mauro entschloß sich zu einer neunmonatigen Pilgerfahrt und suchte dabei all die Stätten auf, wo er mit seinem Guru zusammen war. Auf der Rückfahrt zwang ihn eine Flugverschiebung zu einem mehrtägigen Aufenthalt, den er statt in Delhi, in Rishikesh verbrachte.

Mauro Cordi, 33: Mit 17 Jahren erlitt ich einen katatonen Stupor und zur sogenannten Normalität zurückgebracht wurde ich erst nach einem zweimonatigen psychiatrischen Klinikaufenthalt mit Pharmaka- und Elektroschockbehandlung. Seit dieser Zeit war mein Nervensystem derart beschädigt, daß ich chronische Schizophrenie bekam. Jeden neunten oder zwölften Monat verfiel ich in eine schreckliche Krise und mein Vater schickte mich immer wieder in die psychiatrische Klinik, wo ich mit noch stärkeren Psychopharmaka und noch mehr Elektroschocks behandelt worden bin. Über Monate hinweg. Mein Vater steckte sein ganzes Geld in Heilungsversuche und obwohl ich von den Toppsychiatern der römischen Universitätsklinik behandelt wurde – keine Heilung.

In meiner sogenannten Normalzeit gewann die Frage nach dem Sinn des Lebens immer mehr an Bedeutung und so praktizierte ich die Techniken vieler spiritueller Schulen. ISCO – die Hare-Krischna-Bewegung, die Vipassana-Meditation aus dem burmesischen Hinayan-Buddhismus, die Ananda Marga – tantrischer Yoga, Nam Renghen Kyo – eine japanische Sekte, Guru Maharej's Techniken, die charismatische – christliche Sekte, Bhagwan Rajneeshs bunten Cocktail und Zen-Meditation. Über Jahre praktizierte ich auch nordamerikanischen Indianerschamanismus.

Nichts hat geholfen. Glücklicherweise entdeckte mein bester Freund den Swami Vidyananda in Südindien und empfahl mir, ihn zu besuchen und von ihm zu lernen. Ich tat das und war in kürzester Zeit von meiner Krankheit geheilt. Solcher Art sollten die Effekte von richtig angewandter Yogatechnik sein.

Es ist schon schwer, sich heute in diesem Dschungel von Zentren, Ashrams, Tempeln, Organisationen, Lehrern, Weisen, Swamis, Gurus, Lamas und Erleuchteten zurechtzufinden. Vor allem wissen die westlichen Menschen selbst nicht genau, wonach sie eigentlich suchen. Eines ist klar: der materialistische Lebensstil und die dauernde Befriedigung sinnlicher Wünsche gibt uns nicht die Freude und innere Erfüllung, nach der jeder Mensch irgendwie strebt. Die Zahl der Yoga- oder Spirituellinteressierten ist steigend. Das ist schön und gut, aber leider gehen viele dieser ehrlich Suchenden billigen Betrügern auf den Leim

Mich wundert, daß es noch keine Yogapillen gibt. Zum Glück für die wenigen echten Lehrer gibt es Prinzipien und Regeln auf dem mystischen Pfad, woran man spirituelle Lehrer und ihre Methoden auf Echtheit überprüfen kann.

Daß wir alle Buddhas sind, Gottes Söhne und Töchter, stimmt grundsätzlich. Potentiell sind wir das, aber nicht, solange wir noch Sklaven von Zuneigungen und Ablehnungen sind. Schon die erste Stufe ist die schwierigste und braucht viel Zeit, denn du mußt die sechs Antreiber: Ideen, Geist, Ärger, Zunge, Magen, Sexualität, überwinden, um die Sinne perfekt zu kontrollieren.

Jede Technik, Meditation und Lehre ist nutzlos, schadet sogar, wenn sie auf blindem Glauben beruht. Um jede Rivalität zwischen Religionen und spirituellen Pfaden auszuschalten, sollte jeder echte Guru seine Schüler/innen in den Aufbau und in das System anderer spiritueller Gruppen einführen. Ohne Vorurteil, mit Verständnis, Sorgfalt und viel Liebe.

Dharamsala

Im Bundesstaat Himachal Pradesh liegt Dharamsala. Ein kleines Städtchen. Vollkommen unbedeutend und unbekannt, bis 1959 das geistige Oberhaupt der Tibeter, der Dalai Lama, fliehen mußte. Die neue Heimat Indien stellte dem Dalai Lama sieben Gebirgsorte des Himalaya zur Auswahl. Dharamsala wurde seine Flüchtlingsresidenz.

In der Folgezeit wurde der Dalai Lama weltberühmt, mit ihm sein schlichtes, gutmütiges, fröhliches Volk.

Beim Frühstück in einem tibetanischen Hotel sitzt mir eine

westliche Novizin gegenüber. Mitte dreißig, aus den USA, gekleidet in den typischen tibetischen Wollrock, der bis zum Boden reicht und hinten zusammengebunden wird.

Nancy (weltlicher Name): Studierte, demonstrierte in den 60ern gegen den Vietnamkrieg, reiste 67 nach Europa, kam in die Türkei, nach Iran. In Teheran arbeitet ich als Übersetzerin und Englischlehrerin. 1971 kam ich nach Indien. Reiste auch da viel. Das war noch herrlich damals. Das Zugreisen war ein Genuß.

Irgendwie kam ich nach Dharamsala, dem Zentrum der tibetischen Flüchtlinge und dem Sitz seiner Heiligkeit des Dalai Lama. Hier blieb ich hängen. 15 Jahre. 1986 haben wir doch jetzt? Ja. 71 bis 86 macht 15.

Ich hab meine Studien als Novizin gemacht, eine Stufe geschafft, aber es gibt noch so viel zu lernen. Nun muß ich langsam meine Abreise organisieren. Stück um Stück werde ich mich dann meiner Heimat, den USA nähern, und die andere Heimat, den tibetischen Buddhismus mitnehmen.

In Indien wird es immer schwieriger, eine Aufenthaltserlaubnis zu bekommen, und dauernd wegen Visa in Nachbarländer reisen, mag ich nicht. Das ist auch nicht gut fürs Meditieren.

Ja Indien. Das Land hat sich schon sehr verändert. Man kann nicht sagen, daß es nicht mehr spirituell ist, die Spiritualität ist überdeckt von der lärmenden Moderne, die über Indien hereinbricht. Die spirituellen Kraftfelder gibt es immer noch. Genauso wie sich in Tibet noch große Meister versteckt halten. Bin überzeugt, daß es noch viele gibt. Bin auch etliche Male dort gewesen. Im Moment möcht ich nicht nach Tibet. Seit man von Kathmandu nach Lhasa fahren kann, hängt in Kathmandu alles voller Zettel mit Fahrgelegenheiten dahin. Furchtbar. Das liegt total im Trend. Ich kann die Sprache, kenne die Kultur, bin in Klöstern zu Hause, das ist was anderes. Naja, vielleicht bin ich auch zu alt geworden für das Reisen. Hab ja auch mal so angefangen. Aber ich hab das Gefühl, die Mehrzahl der heutigen Reisenden sucht nichts mehr. Wir Hippies damals suchten, verirrten uns in Drogen, fanden wieder raus oder auch nicht, aber diese Yuppies heutzutage, reisen, konsumieren. Die bewegt nichts, hab ich oft das Gefühl. Tibet, China, muß man gesehen haben, also hin. Da werden Reisebücher studiert, nicht nur mal kurz zur Information, nein, nein, studiert werden diese schrecklich dicken Bücher und danach wird stundenlang darüber gequatscht. Komische Leute.

In Tibet leben? Wenn ich wirklich frei dort leben könnte, mir einen Platz aussuchen dürfte, ja. Aber Tibet ist immer noch unter Herrschaft des kommunistischen China. Li Peng ist 80 Jahre, wer weiß, was folgt, wenn er stirbt.

Von der Novizin erfuhr ich, daß ich mich hier in Dharamsala in der Unterstadt befand. Die Oberstadt, mit dem Bus 20 Minuten entfernt, liegt 1800 Meter hoch, heißt McLeod Ganj, beherbergt rund 4000 Menschen und ist das eigentliche Hauptquartier des Dalai Lama. Dort ist auch sie zu Hause, in einem der Klöster der Umgebung. Wie sie mir weiter erzählte, zog McLeod Ganj neben den ernsthaft Suchenden und Studierenden in den 70er Jahren auch viele Freaks an. So zum Beispiel Norbert aus dem bayerischen Wald. Groß, schlank, breitschultrig, ein wild nach allen Seiten wuchernder Bart, lange, dunkle Haare, braune Augen, groß, wach, Wärme ausstrahlend. Er trägt schwarze Pluderhosen, ein etwas verdrecktes ehemals weißes Baumwollhemd, darüber einen knielangen braunen Yakfellmantel mit zwei großen Seitentaschen.

Norbert, 33, in einer Höhle oberhalb von McLeod Ganj: Vor neun Jahr war i da scho amal und hab a Jahr lang in de Berg glebt. Neun Jahr, des is scho a lange Zeit, da hatse viel geändert. In der Mcleod Ganj war früher alles voller Freaks, heit nix mehr. Wie i ankommen bin habe umagschaut, hab die Freaks gsucht, ja wo sans denn, haba ma denkt, wo habn sese den versteckt. Na bin i in a Kneipn eine, hab me highockt zu de Leit, na warn des lauter so straighte Amis und habn an Schmarrn dahergredt, aber glei so an Schmarrn, da bin i schnell wieder ausse. Na haba ma denkt, glei auffe in de Berg, da haltst des net aus. Ehrlich, da drunten laufn lauter so drei oder vier Tagestouristen umananders, mit ihrene Fotos, die schaun se die Natur bloß no a, obs für a Foto was taugt. Na san halt no die drunten, die an Meditationskurs machn. I hab nix gegen die Tibeter, überhaupts net, im

Gegenteil, i mogs, die san mir viel lieber als die Masseninder. Die Tibeter klaua net, bscheissn di a net so wie die Inder, also i mogs. Aber die Religion is für mi halt no so a Opium fürs Volk. I brauch sowas net. Jeder Mensch woass doch was guat is und was schlecht is. Na brauche doch da net umanander klimpern mit dem religiösen Zeigs. Da komma die Leit vor überall her und wolln an Meditationskurs mitn Dalai machn. San e meistens Ami. Die Ami mog i net. Die Ami haben koa Kultur. Die Riesenstädt und so, na, nix für mi. Des Land is sche, aber die Leit, woasst die Leit. In Deitschland is a net besser. I komm vo Regensburg in der Oberpfalu, da is des gleiche: schene Landschaft, aber die Leit, die Leit. In der Gegend machns etzt alles kaputt. In der nördlichen Oberpfalz, in Mitterteich wollns a Zwischenlager baun für ihr Atomzeigs und in Wackersdorf so a Wiederaufbereitungsanlag. Vorher habns scho alles um Regensburg higmacht. In Neutraubling, da habn mei Eltern a Grundstückl, da habns Industrieanlagen higstellt, Strassn baut, einfach alles higmacht. Die Deitschen müssen immer was himachen. Da bauns Autobahnen, Chemiezeigs, so richtig langweilige Betonreihenheiser und lauter so Scheiss. Die Landwirtschaft is ja a nix mehr. Woasst, i bin a Landmensch, die Stadt mog i net, i hab die letztn Jahr im Wald glebt und im Gartenheisl vo meine Eltern. Des hat mir scho gfalln, aber die Leit. Die Leit san so brutal. A die Bauern, des san koane Bauern mehr. Die binden ihre Vieacher a, lassens as ganze Jahr im Stall, spritzens mit Antibiotika, haua an Kunstdünger auf die Felder und na fahrns mit'n Mercedes durch die Gegend. Sowos bleds.

In Deitschland wennst nix machst, wennst net im System drin bist, na bist glei a Freak, a Zigeiner und a Tagedieb, des hat mei Vater immer zu mir gsagt. Brutal san die Leit, brutal, in ganz Europa is des so. Frankreich, Spanien, Portugal, überall desselbe. Die Leit, die Leit. Am schlimmsten is aber scho in Deitschland. Jahrelang wolltens mir wegen Drogen was ahänga, hab a Bewährung krieagt und allaweil des hin und her, na, des hat me ganz fertig gmacht, na habe ma denkt, etzt mußt de wieder amal erholen, so richtig erholen, und na bin i nach Indien gfahrn. Vor neun Jahr habe do die schönste Zeit vo mein Lebn verbracht. Etzt is Indien a nimmer des, was amal war, aber da fühle me scho viel besser als in Deitschland. Viel sicherer.

Naja, etzt bin i da und erhol mi vo dem ganzn Zeigs. Bin scho no a bisserl schwach, bin a älter gwordn, aber wenn i etzt a zeitlang da herobn leb, na krieage scho wieder Kraft.

Vorher war i im Süden. Bin mit'n Radl durch'n Bergdschungel gfahrn. Sche, wirklich sche. Hundertfünfzig Kilometer war fast nix. Alle dreißig Kilometer a paar Heiser. Oamal habe an Plattn ghabt. Im nächsten Dorf habns no koa Luftpumpn ghabt. Weitergschobn ins nächste Dorf, da habe Glück ghabt, wenns da koane ghabt hättn, hätte des Radl weggschmissn, dauernd schiebn, da gehe doch lieber. I hab a immer im Wald gschlafn, obwohl die Leit gsagt habn des is gfährlich und so, alles Schmarrn, die Vieacher habn vor die Leit immer no mehr Angst.

Später bin e im Norden auffegfahrn, mit'n Zug und Bus, omeiomei des hat mir überhaupts net gfalln. Die vielen Leit und die Fahrerei. Jaja, des Indien ändert se scho narrisch. Koa Marihuana derfst mehr rauchn, dabei machn die Leit des seit Hunderte vo Jahr, die rauchn an Joint und arbeiten. Des wollns ihne etzt verbietn. Sowos bleds. Aber des is klar, des kommt vom Westen. Marihuanarauchen des paßt einfach net ins westliche Produktionsbildl. Dann habe a ghört, das die Saddhus Ausweispapiere brauchn und mit'n Zug dürfens a nimmer umsonst fahrn. Naja, etzt machns in Indien die Religion a no fertig, die Deppen die bledn.

I glaub, des is as letzte Mal, daß i in Indien war. No zwei Monat, na gehe nach Nepal und eine nach Tibet. Des intressiert mi, aber glei zu de Nomaden und mit dene a weng durch'd Gegend ziehn.

Da schau unte, da komme wieder a paar Leit mit ihrene Fotos. A schöne Gegend is ja, steil. Vor neun Jahr hat me amal a Freind besucht, na samma a bisserl umanander marschiert und i hab immer gsagt, pass auf, vorsichtig und so. Da obn is a na amal ausgrutscht und na hats'n fünfzig Meter untegschmissn, unteunteunte, er hat'se nirgends festhalten kenna. Fünfzig Meter und dabei is ihm nur ein Zahn aussegflogn. Nix brochn, der hat an Dussl ghabt. Aber vorher mi auslachn, wenn i gsagt hab, aufpassen, a, hat er immer gsagt, du immer mit dein Himalaya, Himalaya – na woara halt drunten glegn.

In einem Restaurant erzählt einer die Geschichte von etwas ganz Gewöhnlichem, das in Indien ganz ungewöhnliche Ausmaße annehmen kann.

Mike: Unmöglich. Die Bürokratie Indiens kann einen wahnsinnig machen. Ich weiß nicht, wie die Inder die korrupte, faule, stinkige Bürokratenbande ertragen.

Ich war heute zum vierten Mal im Foreigners Registration Office, und meine Papiere sind immer noch nicht fertig. Am ersten Tag wurde mir mitgeteilt, daß mein Visum statt drei nur zwei Monate verlängert werden kann, weil die in Delhi Schwierigkeiten machen. Ich glaube, für den sechsten Monat wollen sie einfach Bakschisch. Gut. Möchte sowieso nur noch einen Monat hier bleiben und dann nach Nepal gehen. Also zwei Monate. Ich füllte drei von vier Vordrucken aus. Bei laufendem Radio, es wurde gerade ein Cricket-Spiel übertragen. Warum nicht. Bei Aushändigung des vierten Vordrucks meinte der Beamte, die Regierung versorge sie wegen Sparmaßnahmen nicht ausreichend, ich müsse also vier Kopien machen lassen, ausfüllen und wieder zurückbringen. Ich glaubte kein Wort, eher ist es so, daß sie den Betrag für die Formulare in die eigene Tasche stecken. Aber gut, auch das kein Problem. Geduld lernt man in Indien. Gehe in die Stadt, finde einen Kopierapparat – kein Strom. Wann der Strom wiederkommt? Nobody knows. Vielleicht nach fünf, vielleicht vor fünf, aber um fünf ist Feierabend. Im Basar lasse ich die Kopien abtippen. Halbe Stunde. Vier Rupien. Da kann man dabei einen Tee trinken, eine Zigarette rauchen. Mit dankbarem Gefühl und ausgefüllten Formularen, die vier Paßbilder waren nach zwei Tagen fertig, kehre ich zurück ins Office. Es beginnt erneut bei laufendem Radio eine umständliche Schreib- und Stempeltätigkeit. Zwei Stunden sitze ich daneben. Dann ist alles fertig, alles geschrieben. Unglaublich, aber wahr. Es fehlt nur noch die Unterschrift des Höchsten. Naja, das ist ja nur ein Schriftzug... Unglücklicherweise ist der Höchste vor fünf Minuten weggefahren. Aha. Vielleicht kommt er am frühen Nachmittag zurück, vielleicht am späten Nachmittag, vielleicht auch gar nicht mehr. Aber morgen ist er ganz sicher wieder da. Ich gehe. Ein Tobsuchtsanfall ist sinnlos. Voller Hoffnung kam ich am gleichen Tag kurz vor fünf am späten Nachmittag zurück. Der Höchste war selbstverständlich nicht da. Und heute, ich traue meinen Augen nicht, das Büro ist geschlossen: Lokaler Feiertag.

Zweimal am Tag, früh und abends, jeweils beim Teetrinken, sah ich einen Mann, mittelgroß, mit weitausgreifenden Schritten ziemlich schnell den Berg hinaufeilen. Kurz vor Sonnenuntergang eilte er den Berg wieder hinunter. Ein Europäer – nervöse, unruhige Gesichtszüge, immer rasend, starrer Blick. Ich entschloß mich, ihn anzusprechen und folgendes kam dabei heraus.

P. Chetelat, 38: Ich bin auf der Flucht. Auf der Flucht vor einem Tyrannen. Das Problem ist, ich hab den Tyrannen schon so verinnerlicht, daß Davonrennen nicht ausreicht, ich muß den Tyrannen auch innerlich bekämpfen. Indien ist der einzige Platz, wo ich mir vorstellen kann, mit ihm fertig zu werden. Der Tyrann heißt Zeit.

Soviel ist klar, die Zeit ist das perfekteste Repressionsmittel, das bis jetzt erfunden wurde. Erfunden von den Griechen, ausgebreitet von den Mönchen und Priestern des Christentums. Das perfekteste Kontrollsystem über Jahrhunderte. Alle 15 Minuten ein Glockenschlag, alle 30, 45, 60 Minuten. Immer das Volk daran erinnernd, daß es Zeit ist, Buße zu tun, sich schuldig zu fühlen.

Dabei ist alles ein Trick. Die Uhren messen nichts, eine Fiktion, die wir verinnerlicht haben, ohne die wir nicht mehr auskommen.

Einmal gabs eine Revolte. 1789 in Paris zu Beginn der französischen Revolution schlugen die Revolutionäre an den verschiedensten Stellen der Stadt die Turmuhren ein, ohne sich abgesprochen zu haben. Das hab ich mal gelesen, da hats Klick gemacht in mir, da hab ich meinen Tyrannen in mir entdeckt. Seither kämpfe ich, seither kann ich nicht mehr zurück in die Tyrannei, aber befreit hab ich mich auch noch nicht davon. Das braucht Zeit.

Kaschmir, ein Staat in den westlichen Himalayas. Der größte Teil des Landes ist unter indischer Herrschaft. Ein kleines Stück zählt zu Pakistan. Eine Legende berichtet: Entgegen den christlichen Überlieferungen soll Jesus Christus nicht am Kreuz gestorben sein, sonder sich von den Mißhandlungen erholt haben und dann nach Kaschmir gegangen sein. Dort soll er in hohem Alter gestorben sein. Tatsächlich gibt es in einer Moschee der Hauptstadt Srinagar ein Grab mit der Aufschrift »Jesu Christo«.

Kaschmir ist wunderschön. Neben einem grünen Tal mit Reisterrassen gibt es Seen mit einzigartigen Ausblicken auf Bergwälder und schneebedeckte Gipfel der Himalayas. In einem einsamen, wilden Seitental traf ich

Swami Geet Govind, 51: Warum Indien? Haste Zeit? Willste dir die Geschichte anhören? Begonnen hat das mit Indien im Jahre 1974. Da lernte ich Bhagwanleute kennen. Die hatten gerade das erste Center in Deutschland aufgemacht, in Berlin-West. Mir leuchtete vieles ein, was Bhagwan sagte. Vom ersten Augenblick sprang da was über. 75 ging ich nach Poona, Indien. Dort begrüßte mich Bhagwan mit den Worten: Da bist du ja endlich. Ich hab lange auf dich gewartet. Is doch ne tolle Begrüßung.

Mit Bhagwan änderte sich mein Leben. In Poona wurde mir das richtig bewußt. Im Ashram leben, das war so intensiv. Da wurde ich gefordert wie noch nie vorher in meinem Leben. Das war ne herrliche Atmosphäre dort. Das muß man erlebt haben. Meine Malerei änderte sich total. Ich fing von vorne an. Weißte, ich war bekannt. Ich hatte Ausstellungen von New York bis Moskau. Ich stand auf dem Gipfel meines Erfolges. Materiell konnte ich mir alles leisten. Aber es befriedigte mich nicht. Ich suchte und suchte, bis mir endlich durch Bhagwan die Augen aufgingen. Vorher hatte ich ganz normal gearbeitet, stinknormal. Da hatte ich einen Plan mit Anordnung, Aussage, Vernetzung, alles intellektuell durchdacht, das Ganze natürlich gesellschaftskritisch. Später hab ich mich in fotorealistischer Technik getummelt. Aber das ist alles out, vorbei. Wer heute noch so malt, hat den Zeitgeist nicht erfaßt, hat das New Age noch nicht realisiert.

Bhagwan sagte zu mir: Hör auf, laß alles zurück, alles Vorprogrammierte, solange, bis nichts mehr da ist. Als Hilfsmittel drückte er mir eine Tabla in die Hand. Ich hatte noch nie'n Instrument gespielt. Durch und mit der Musik gelang es mir, mein altes ausgeleiertes Programm zu begraben. Von nun an suchte ich das Lebensbejahende und ging dran, die Lebensfreude und Lebendigkeit auszudrücken. Die totale Realität erfahrbar darstellen, nicht mehr negativ, nicht mehr in kleinen Stücken, sondern in ihrer ganzen gewaltigen Schönheit und Einheit. Aber alles spielerisch, keine zwanghaften Anstrengungen. Weißte, ich laß den Malvorgang geschehen, versuche durch Meditation ein freies Fließen hervorzurufen, ohne intellektuelles Wollen oder bewußte Kontrolle.

Auf mein verändertes Sein und meine veränderten Bilder reagierten nach der Rückkehr meine früheren Käufer erst mal mit Rückzug. Es war hart, in der Zeit 81 und 82 da dranzubleiben. Aber es ging nichts mehr anderes. Langsam scheint sich das New Age Bewußtsein auszudehnen. Finde auch wieder Käufer. Kann mir sogar 'n Indienurlaub leisten. Den Norden des Landes hab ich nie kennengelernt. Kaschmir wollt ich mir einfach mal anschauen. Is doch schön hier.

Fernab der Touristenwege, die von indischen und westlichen Besuchern benutzt werden, wähnte ich mich vollkommen allein, die Kaschmiris ausgenommen.

Einmal entdeckte ich eine heiße Quelle. Ich badete mich, wusch meine Kleider, wie ein paar Kaschmiris auch. Einer sprach mich an. Wir unterhielten uns eine Weile. Nachdem mein Gegenüber von meiner Harmlosigkeit überzeugt war, gab er sich zu erkennen.

John Brooks: Über mich gibts nicht viel zu erzählen. Ich bin in Indien wie du auch. Britisch. Hab auch noch zwei andere Pässe. Je nachdem, welchen ich gerade brauchen kann. In Indien bin ich schon lange, sieht man, was? Ich wollte eigentlich René treffen. Der ist wahrscheinlich noch im Wald. René lebt auch schon lange in Indien. Der hat seinen Pass zerrissen. War'n französischer. Meistens zieht er mit Babas herum. Oder er hat sich allein in den

Wald zurückgezogen. Monatelang hält er das dann aus. Plötzlich taucht er wieder auf, hält sich ne Woche unter Menschen auf und verschwindet wieder. Der hat nicht mal ne Hütte, kein Zimmer, nichts, wenn der müde ist, legt er sich am Boden hin und schläft. Was der ißt, ist mir auch nicht klar. Geld braucht er sowieso keins. Ein paarmal wurde er auch von der Polizei eingefangen, keinen Pass, kein Visum – also ab ins Gefängnis. Das war René recht. Endlich mal geregeltes Essen. Nach'n paar Wochen wurde er den Indern zu teuer und sie haben ihn wieder freigelassen. Rene ist auch beliebt bei den Einheimischen. Der hat einfach so ne Art, mit denen auszukommen. Einmal haben die Bullen ihn aber der französischen Botschaft übergeben. Er wurde sogar nach Frankreich ausgeflogen. Nach einem halben Jahr war René wieder da. Ging sofort in den Dschungel für ein ganzes Jahr. So wie René das macht, könnte ich nicht leben. Eine Höhle brauch ich mindestens. Zwei Tage von hier ist sie. Zur Abwechslung bin ich mal raus. Jetzt fehlt nur noch René. Vielleicht spürt er meine Anwesenheit und kommt in den nächsten Tagen.

Die Kumaon-Region

Das Kumaon gehörte einst zu Nepal, ging aber in einem Krieg an Britisch-Indien verloren.

Die Hauptstadt des Kumaon ist Almora. Eine Stadt, die nicht am Tourismusstrom liegt, obwohl sie den Briten während der heißen Monate in der Ebene als Erholungsort diente. Almora wurde einfach nicht so berühmt wie andere »hill-stations«: Simla, Moussurie, Srinagar, Darjeeling. Almora hatte später, in den 60ern und 70ern, auch seine kleine Hippieszene. Timothy Leary etwa verteilte LSD-Pillen an Einheimische. Evan Wentz, Übersetzer des tibetischen Totenbuchs, hat hier gelebt und auch die Familie Nehru kam regelmäßig hierher, um sich zu erholen.

Von Almora aus begann ich zu wandern. Nordwärts. Den Himalayas zu. In einem Bergdorf traf ich einen gut ausgerüsteten Trekker.

Franck Bernede, 30, Frankreich: Zum vierten Mal bin ich hier, immer im Norden. Ich liebe die Berge, gehe viel Wandern, das ist kein bequemes Trekking, das ist manchmal sehr hart und entbehrungsreich. Nachdem ich letztes Jahr die Lahaulgegend kennengelernt habe, wollte ich diesmal in die Kumaonhügel. Leider hab ich nur vier Wochen Zeit. Ich habe eine Tournee in Deutschland und Finnland in Aussicht, da muß ich rechtzeitig zum Einspielen zurück sein. Das Cello ist mein Instrument. Leider etwas zu groß, um es mitzunehmen. Einmal hatte ich es dabei, bei den klimatischen Verhältnissen geht das aber nicht, nach vier Wochen ist mir einfach der Cellokopf abgefallen. Für nächstes Jahr habe ich ein Spezialcello aus Metall bestellt, zerlegbar. Ist nicht ideal zum Feinspielen, aber die Hauptsache, ich komme nicht aus der Übung, wenn ich länger bleibe, außerdem kann ich den Leuten in den Dörfern was vorspielen. Das macht ihnen Spaß, wenn einer mit einem Instrument daherkommt.

Warum ich immer nach Indien komme, ist schwer zu beantworten. Es ist so ein Gefühl. Indien ist traditionell, und ich mag die Tradition. Das ist ein wichtiger Punkt. Außerdem ist es ein schönes Land, besonders im Norden. Dann sind da noch die Göttergeschichten, das lebt noch alles. In Europa sind die Berge volle Skilifte.

Ich wanderte weiter. Durch eine herrliche Landschaft. Berge und Täler wechselten sich ab. Jeder Tag ein Aufbruch, jeder Tag ein Ankommen. Was allen Menschen, die in diesem Buch aufgeführt sind, gemeinsam ist: der Aufbruch. Aus welchen Gründen und Zufällen auch immer. Es war letztendlich ein Aufbruch, um sich, die Welt, das Leben kennenzulernen. Vielleicht gibt es gar nichts zu begreifen. Aus dem einfachen Grund, weil auch der Mensch nur und nichts anderes ist, als ein Teil der Welt. Ist es das, was es zu finden gilt?

Während meiner Wanderung mußte ich an manches Interview zurückdenken. Zum Beispiel an den »Afghani« André, den ich in Delhi getroffen habe und dessen Heimat die Steppe ist. Wahrscheinlich hat André in der Steppe angefangen zu sehen. In der Steppe muß er entdeckt haben, daß hinter der sichtbaren Welt noch eine andere liegt. Eine Welt, die im Westen nichts mehr zählt, weil sie nicht faßbar ist und somit keinen Profit abwirft. Ist es dieses schlummernde Wissen, das so viele Menschen – in diesem Fall Westler – vorwärts treibt, bis sie anfangen zu sehen, zu hören, zu riechen, schmecken? Um dorthin zu gelangen, bezahlt jeder einen Preis: neben der inneren auch die äußere Heimatlosigkeit.

GLOSSAR

Ajmer	– Pilgerort in Rajasthan
Ananda Marga	– sozialkritisch-spirituelle Bewegung. Kritik am Kastensystem, Kapitalismus und Kommunismus. 1970 wird der Bewegung Mord an 14 abtrünnigen Mitgliedern vorgeworfen. Verurteilung 1976, Freispruch wegen Mangels an Beweisen 1978. Fünf Selbstverbrennungen von westlichen Anhängern aus der BRD, Schweiz und den USA machten Schlagzeilen im Westen
Anandamayi Ma	– indische Erleuchtete ohne Studium der hl. Schriften und ohne Führung eines Guru
Anthroposophie	– Geisteswissenschaft, ursprünglich in der theosophischen Gesellschaft eingebettet, hat sich aber 1913 unter der Führung Rudolf Steiner von ihr abgespalten
anyway	– na ja, auf jeden Fall, wie dem auch sei
Ashram	– Kloster, Einsiedelei
ausgespaced	– ausgeflippt
Baba	– volkstümlich: Vater; geistiger Meister, Sadhu
backwaters	– Süßwasserkanäle unmittelbar hinter der Küste in Kerala, können mit Schiffen befahren werden und sind eine Touristenattraktion
Bakschisch	– Trinkgeld
Bananenlassie	– Bananen-Milch-Shake mit Eiswürfeln
Banyanbaum	– ein heiliger Baum
Bengali	– Landessprache von Bangla Desh und Westbengalen (Indien)
Bhagavadgita	– »Der göttliche Gesang«. Berühmter Teil aus dem Mahabaratha-Epos
Bhagwan	– Erhabener. Hier ist Sri Bhagwan Rajneesh gemeint
Bidi	– handgedrehte kleine Zigarette
Black Magic	– schwarze Magie, im Gegensatz zur weißen (sauber, rein) Magie
Bom	– mantrische Silbe
Bom Shankar	– mantrische Anrufung von Gott Shiva
Brahma	– Schöpfergott
brown sugar	– kaum raffiniertes Heroin
Bubhaneshwar	– Hauptstadt von Orissa
business	– Geschäft
Campa Cola	– indisches Kola
case	– Gerichtsfall
Chakra	– die Chakras sind Punkte im Menschen, an denen Seelisches und Menschliches ineinander übergehen und sich durchdringen
Chapati	– Fladenbrot aus Weizenmehl
Charas	– Extrakt aus den Blüten von Hanf
Chillam	– röhren-trichterförmige Pfeife für Hanfblätter
conductor	– Schaffner
Cops	– Polizisten
Deal	– Geschäft

Derwisch – persisch: Bettler; frommer Mann, Mitglied eines islamischen Ordens

Desertcity – Wüstenstadt

Dhoti – Männergewand. Ein Stück Tuch, das den Körper von der Hüfte bis zu den Füßen bedeckt, zwischen den Beinen hochgezogen und im Gürtel festgemacht.

dope – Aufputschmittel, Drogen

Embassy – Botschaft

Fahrradrikscha – Transportmittel, von Fahrrad gezogen

Foreigners Registration Office – Fremdenpolizei

Freak – Aussteiger, Hippie, Außenseiter

Ganesh – Hindugottheit; Sohn des Shiva, hat Elefantenkopf

Ganga – Ganges (Name des heiligsten Flusses in Indien)

Ganja – Marihuana. Hanf – canabis indica

Ghat – ein mit Treppen versehener Gang zu heiligen Flüssen oder Teichen

Ghee – durch Erhitzen und Sieben geklärtes Butterfett

Goenka – Industrieller, der die Vipassana-Meditation in Indien wieder einführte und sie auch in Nasik lehrt.

Guavas – Schalenfrucht

Guru – religiöser Lehrer

Gurudvara – Tempel der Sikhs

Hampi – auch Vijayanagar genannt. Großes ehemaliges hinduistisches Königreich im Süden, konnte von den moslemischen Eroberern erst in mehreren Anläufen erstürmt und zerstört werden. Heute ein riesiges Ruinenfeld westlich von Goa im Staate Karnataka

Hare-Krischna-Bewegung – siehe ISKCON

Harijan – Kinder Gottes, Ausdruck von Mahatma Gandhi für die kastenlosen Unberührbaren

Haschisch – die blühenden Zweigspitzen und das Harz der Hanfpflanzen wirken schmerzstillend und berauschend.

Hathayoga – einer der vielen Yogawege (zu Gott), basiert auf Körperübungen mit Atemübungen

Henna – Farbstoff

Hindi – Landessprache in weiten Teilen Nordindiens. Wird von ca. 120 Millionen Menschen gesprochen

Hooghly – bengalischer Name für Ganga (Ganges) Initiation – religiöse Einweihung

ISKCON – International Society for Krischna Consciousness: Internationale Gesellschaft für Krischnabewußtsein

Jainismus – auf Mahavira zurückgehende, dem Hinduismus verwandte Religion

Jaipur – Hauptstadt von Rajasthan

Joint – mit Haschisch gefüllte Zigarette

Jom-Kippur-Krieg – ägyptisch-israelischer Krieg 1973

Kancheepuram – eine der sieben heiligen Städte Indiens, südwestlich von Madras

Karma – im hinduistischen Glauben wird die Seele des Menschen in verschiedenen Menschen- und Tierkörpern wiedergeboren. Die jeweils nächste Geburt ist durch die Gesamtheit aller guten und

	bösen Taten (Karma) bestimmt, die man in der vorhergehenden Existenz vollbracht hat.
kiffen	– Rauchen von Hanf
Krischna	– achte Verkörperung (Avatar) des Gottes Vischnu. Populäre Hindugottheit
Lakschmi	– hinduistische Göttin des Glücks und Reichtums
Lama	– religiöser Meister im tibetischen Buddhismus
Lao tse	– »Alter Meister«, gilt als Verfasser des Tao-te-King und war Zeitgenosse von Konfuzius und Buddha
Lhasa	– Hauptstadt von Tibet
Lotos	– Seerose. Sinnbild der Unberührbarkeit. So wie die Lotos im Wasser schwimmt und doch nicht vom Wasser benetzt wird, so sollte der spirituelle Strebende in der Welt leben und doch nicht von ihr berührt zu werden.
Lotos(sitz)	– Beine übereinander geschlagen, aufrechte Wirbelsäure, gilt als idealste Meditationsstellung
LSD	– synthetisch hergestellte Droge, 1943 vom Schweizer Chemiker Albert Hofmann zufällig entdeckt.
Maharadscha	– großer König
Mala	– Rosenkranz, Perlenkette
Malayalam	– Landessprache von Kerala
Mamallapuram	– Pilgerort, auch Mahabalipuram genannt; südlich von Madras
Mandu	– Ruinenstadt im Norden Indiens
Mantra	– Formel aus den heiligen Schriften (Veden), durch deren wiederholte Rezitation Erkenntnisse erlangt werden können
Masala	– Gewürzmischung
Maya	– Täuschung. Illusion
Meningitis	– Hirnhautentzündung
Mokscha	– die endgültige Befreiung aus dem Kreislauf der Wiedergeburten
Monsun	– Wind. Vom Meer landeinwärts ziehend ist der Monsun feucht (Regenzeit)
Mridangam	– Trommelinstrument des Südens
MS	– Multiple Sklerose, schweres chronisches Nervenleiden
Mujahedin	– wörtlich: »Kämpfer des heiligen Krieges«. Afghanische Widerstandskämpfer
mushrooms (magic)	– Pilze, Psylocibin (rufen halluzinogene Zustände hervor)
Mysore	– Stadt im Süden Indiens
NAMAH SHIVAYA HARIOM HARIHARA RAMARAMA	– Verehrung dem Shiva... (ein Mantra)
New Age	– das Neue Zeitalter, spirituell gemeint, artet immer mehr zu einer profitträchtigen Modeerscheinung aus.
Nirvana	– Zustand der Befreiung oder Erleuchtung. Befreit den Menschen von der Wiedergeburt
OM	– heiligstes Mantra, in dem alle göttlichen Manifestationen enthalten sind.
on the road	– unterwegs
Paisa	– kleinste indische Währungseinheit. 100 Paisas sind eine Rupie.
Pakora	– fritierte Kartoffelbällchen mit Gemüse gefüllt
Pakawaj	– Trommelinstrument des Nordens
Pandit	– gelehrter Brahmane mit traditioneller Ausbildung

Parabrahman – das höchste Brahma
Paschto – Sprache der Afghanen
Pathanen – Nomadenstamm in Afghanistan und Pakistan
Peace Corps – Name des US-Entwicklungsdienstes
polish – polieren
Porridge – Haferbrei
Power Place – Ort der Stärke, spritiuell gemeint
Pudding Shop – heute noch existierender »Treff« in Istanbul
Puri – in Butter oder Öl ausgebackene Weizenfladen
Puschkar – Pilgerort bei Ajmer (Rajasthan)
Raga – musikalisches Thema, das jeweils eine bestimmte Zeit oder Stimmung ausdrückt
Rajasthan – indischer Bundesstaat mit großen Wüsten
Rajiv – Rajiv Gandhi, seit 1984 Premierminister von Indien
Rama – siebte Verkörperung Vischnus
Ramayana – bedeutendes Epos, in dem das Leben des Gottkönigs Rama und seiner Gattin Sita erzählt wird
return-ticket – Rückflugticket
Rikscha – Transportmittel, in Kalkutta von Männern gezogen, sonst von Fahrrädern
Rupie – Währungseinheit, eine Rupie ist 100 Paisas
Sadhu – Asket, oft wandernd unterwegs
Samadhi – tiefe Versenkung, auch Tod eines bedeutenden Yogi
Samosa – dreieckige, fritierte, mit Gemüsesud gefüllte Pasteten
Sanjay – Sanjay Gandhi, jüngster Sohn von Indira Gandhi, galt lange als ihr Nachfolger, bis er mit einem Sportflugzeug tödlich verunglückte
Sanskrit – »vollkommen, vollendet, endgültig gemacht«. Die Sprache der Überlieferung heiliger Texte
Sarangi – Saiteninstrument mit Bogen
Sari – Frauenkleidungsstück; mehrere Meter langes, breites Tuch aus Baumwolle oder Seide
scene – hier Drogenszene
Schiva – populäre Hindugottheit; der Zerstörer und Erneuerer
Scooter – motorisiertes Dreiradgefährt
Sikh – Angehörige/r der gleichnamigen Religion
Sitar – Saiteninstrument
smack – Heroin
spicy food – scharf gewürzte Speise
Stoff – Heroin, Morphium
Sufi – wörtlich: »mit einem Wollgewand Bekleideter«, Mystiker des Islam
Svami – geistlicher Herr
Svastika – Glückssymbol
sweets – Süßigkeiten
Tabla – zweiteiliges Trommelinstrument des Nordens
Tala – rhythmischer Zyklus mit einer bestimmten Anzahl von Schlägen
Tantra – religiös-philosophische Geistesrichtung des Schaivismus (Schiva)
Tschai – Tee

Tschai-Shop	– Teehaus
Telegu	– Landessprache von Andra Pradesh. Wird von rund 60 Millionen Menschen gesprochen
Trip	– Reise, auch »Entdeckungsreise«
Traveller	– Reisende/r
Urdu	– neu-indische Sprache, Landessprache von Pakistan
Upanischaden	– Schlußteil der Veden. Philosophische Schlußfolgerung aus den Veden
Verdanta	– Schlußbetrachtungen der Veden
Veden	– »Wissen, heilige Lehre«. Gesamtheit der ältesten Texte indischer Literatur, denen übermenschlicher Ursprung zugeschrieben wird
Vivekananda	– Schüler des als Heiligen verehrten Sri Ramakrischna. Vivekananda vertrat als Delegierter den Hinduismus beim Weltparlament der Religionen 1893 in Chikago, wurde danach schnell berühmt
watchman	– Wächter
Weiße Berliner	– eine LSD-Sorte
Wild-Life-Sanctuary	– Naturschutzgebiet
»writer«	– Schriftsteller
Yakfrucht	– Schalenfrucht
Yoga	– Sanskrit: »Joch«. Weg zur Gotterkenntnis und Vereinigung mit Gott. Es gibt viele Yoga-Wege (zu Gott)
Yogananda	– berühmter indischer Yogi (einer, der den Yoga übt), der das Buch, Autobiografie eines Yogi, geschrieben hat.
Zen	– Versunkenheit, Sammlung des Geistes